심도 있게 편찬된
구역 및 대학·청년부 BEST G.B.S. 시리즈

JN448410

BEST
다니엘

묵상하는 사람들

프리셉트

서문

하나님의 말씀을 향한 뜨거운 열정을 가진 한국 교회 성도들을 위하여 쉼없이 달려온 프리셉트성경연구원은, 쉽고도 심도 있는 성경공부 교재 개발의 부르심에 따라 BEST G.B.S. 시리즈를 기획하여 출간하게 되었습니다.

BEST G.B.S.는 참여자들의 수준이 천차만별하고 그들이 처한 상황이 다양한 점을 고려하여, 다양한 포커스를 가진 도입글과 질문을 제시하였습니다. 뿐만 아니라 깊이 있는 질문을 다각도에서 나눌 수 있도록 선택 질문을 기획하여 묵상의 깊이를 더하였습니다.

한편, 프리셉트성경연구원은 한국 교회를 효과적으로 돕는 다양한 교재를 구역, 셀, 소그룹, 그리고 청년부의 조모임을 위해 많이 개발하고 있습니다. 그 종별의 특징은 다음과 같습니다.

Ⅰ. G.B.S. 교재의 종별 특징

1. High G.B.S. 시리즈

평신도 소그룹 중 성경공부를 장기간 진행해 온 분들에게 적합한 교재입니다. 프리셉트성경연구원의 고급 과정(PUP)에서 다루는 내용을 압축하여 정리한 내용으로서, 참여자들이 1시간 정도 예습해 올 수 있을 때에 효과적으로 진행할 수 있는 교재입니다.

2. BEST G.B.S. 시리즈

소그룹 참여자들의 신앙 수준이 다양한 점을 고려하여, 다양한 도입글과 질문을 제시하였습니다. BEST G.B.S.를 쉽고 편하게 진행하기를 원하면, 「더 깊은 연구와 묵상을 위하여」를 생략하고 다룰 수 있습니다.

3. 쉬운 G.B.S. 시리즈

이 교재는 질의응답식 내용을 통해 누구나 예습 없이 현장에서 쉽게 진행할 수 있도록 구성되었습니다.

4. 주제별 G.B.S. 시리즈

이 교재는 성경의 내용을 주제별로 다뤄서 해당 주제에 대해 성경적 세계관을 확립하는 데 큰 도움을 줍니다.

5. 하나님 마음에 합한 시리즈

이 교재는 신앙생활에 관한 16가지 주제를 소그룹용으로 편찬한 교재로서, 쉬운 G.B.S.에 비해 다루는 내용이 넓고 깊습니다.

6. 40분 G.B.S. 시리즈

이 교재는 미국 프리셉트 본부에서 기획된 교재로서, 약 40분 동안 활발한 토의식 성경공부를 진행할 수 있도록 구성된 편리하고 유용한 교재입니다.

7. 성품 G.B.S. 시리즈

이 교재는 성도들이 소그룹에서 끈기 있게 예수님의 성품을 배우도록 편찬되었습니다. 이 시리즈는 감사, 경건 등 성품이란 주제에 대하여 성경 본문을 집중적으로 연구하여 적용하도록 돕는 성품 변화에 통합된 자료입니다.

8. 기타

그 외에 수련회용, 주말 성경학교용, 청소년용, 제자훈련용 등 많은 교재가 준비되어 있습니다.

II. 인도자를 위한 안내

1. 시작 시간을 정확히 지키십시오.
2. 성령님께서 말씀의 비밀을 깨우쳐 주시도록 함께 기도하십시오.
3. 성경공부에 들어가기 전, 지난 주에 깨달은 말씀을 함께 나누면서 마음을 여는 시간을 가지십시오.
4. 인도자는 시작하는 질문을 던지면서 참여자들의 활발한 토론을 유도해 나가십시오. 질문을 할 때에는 교재에 주어진 문제에만 국한하지 말고 다른 보충 질문들을 준비하여 이끌어 가십시오.

5. 각 문제마다 적절한 시간을 안배하여 중점적으로 다룰 문제는 충분히 토의하고 지엽적인 문제는 간단히 진행하십시오.
6. 각 과를 인도한 후, 다음의 평가항목을 통해 스스로 자기 점검을 하십시오.
7. 인도자로서 좀 더 깊이 성경을 배우고자 하는 분들은 프리셉트 성경연구 과정에 참여하여 도움을 받기 바랍니다(문의: 02-588-2218).

Ⅲ. 평가항목

1. 보조 질문은 좋았는가?
   명확하고 간략했는가?
   본문에 충실했는가?
   본질적인 문제에 접근했는가?
   깊은 통찰과 적절한 적용을 이끌어 냈는가?
2. 참여자의 발표를 잘 유도하고 격려했는가?
3. 말을 너무 많이 하거나 적게 하지는 않았는가?
4. 준비를 충분히 하였는가?
5. 분문에서 벗어난 방향으로 토의가 진행되지는 않았는가?
6. 시간은 잘 지켰는가?

Ⅳ. 본 교재에 대하여

다니엘서는 이스라엘이 포로된 시대에 등장한 다니엘과 세 친구를 통해 굽히지 않는 신앙을 지켜나갈 때, 신실하게 지켜 주시는 하나님의 모습을 보여 주고 있습니다. 처음 여섯 장에서는 하나님께서 선택하신 백성에게 기대하시는 바가 무엇인지를 깨닫게 해 줍니다. 풀무불 속의 세 친구와 사자굴 안의 다니엘 사건을 통해 어떤 환난 속에서도 하나님을 신뢰해야 한다는 사실을 가르쳐 주고 있습니다. 더불어 언약에 신실하신 하나님께서 그 언약을 지키는 자들로 하여금 형통케 하신다는 사실도 깨닫게 해 주고 있습니다.

7장 이후에는 다니엘에게 주어진 여러 환상과 계시에 관한 내용이 나옵니다. 세상 왕국의 흥망성쇠를 환상과 계시를 통해 보여 줌으로써 이 세상의 주권자가 하나님이심을 증거하고 있습니다. 궁극적으로 종말을 사는 성도들이 어떤 삶을 살아야 하며, 역사를 주관하시는 하나님을 어떻게 신뢰해야 하는지를 말씀해 주고 있습니다.

다니엘서를 통해 아무리 어려운 환난 속에서도 하나님 앞에서 올바로 설 수 있는 용기를 얻으시기 바랍니다. 더불어 하나님의 계시를 따라 형통한 삶을 산 다니엘을 보면서, 계획과 목적을 가지고 온 세계에 절대주권을 행하시는 하나님을 깨달아 알 수 있기를 바랍니다.

이 책을 공부하는 동안 여러분은 그리스도인의 삶에 대해 진지하게 고민하는 시간을 갖게 될 것입니다. 다니엘서로 구성된 본 BEST G.B.S.를 통해 견고한 신앙의 기반을 구축하고, 위대하신 하나님을 온 심령으로 찬양하는 기쁨을 누리시기 바랍니다.

프리셉트성경연구원

차례

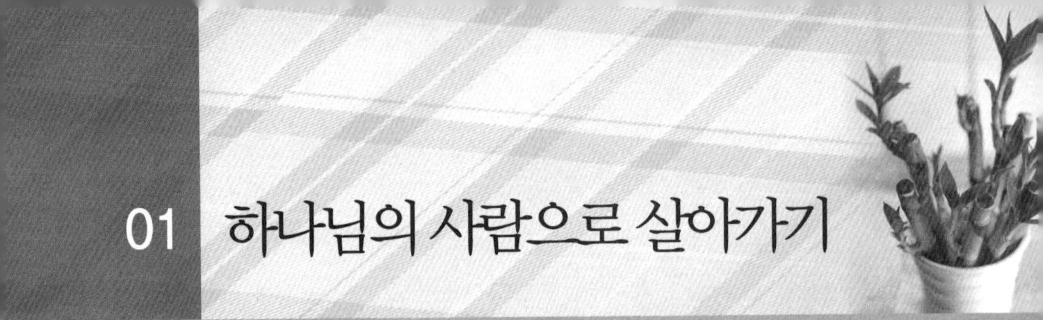

01 하나님의 사람으로 살아가기

| 본문 다니엘 1:1–21

| 외울말씀 다니엘은 뜻을 정하여 왕의 음식과 그가 마시는 포도주로 자기를 더럽히지 아니하리라 하고 자기를 더럽히지 아니하도록 환관장에게 구하니 (8절)

1유다 왕 여호야김이 다스린 지 삼 년이 되는 해에 바벨론 왕 느부갓네살이 예루살렘에
이르러 성을 에워쌌더니 2주께서 유다 왕 여호야김과 하나님의 전 그릇 얼마를 그의 손
에 넘기시매 그가 그것을 가지고 시날 땅 자기 신들의 신전에 가져다가 그 신들의 보물
창고에 두었더라 3왕이 환관장 아스부나스에게 말하여 이스라엘 자손 중에서 왕족과 귀
족 몇 사람 4곧 흠이 없고 용모가 아름다우며 모든 지혜를 통찰하며 지식에 통달하며 학
문에 익숙하여 왕궁에 설 만한 소년을 데려오게 하였고 그들에게 갈대아 사람의 학문과
언어를 가르치게 하였고 5또 왕이 지정하여 그들에게 왕의 음식과 그가 마시는 포도주
에서 날마다 쓸 것을 주어 삼 년을 기르게 하였으니 그 후에 그들은 왕 앞에 서게 될 것
이더라 6그들 가운데는 유다 자손 곧 다니엘과 하나냐와 미사엘과 아사랴가 있었더니
7환관장이 그들의 이름을 고쳐 다니엘은 벨드사살이라 하고 하나냐는 사드락이라 하고
미사엘은 메삭이라 하고 아사랴는 아벳느고라 하였더라 8다니엘은 뜻을 정하여 왕의 음
식과 그가 마시는 포도주로 자기를 더럽히지 아니하리라 하고 자기를 더럽히지 아니하
도록 환관장에게 구하니 9하나님이 다니엘로 하여금 환관장에게 은혜와 긍휼을 얻게 하
신지라 10환관장이 다니엘에게 이르되 내가 내 주 왕을 두려워하노라 그가 너희 먹을 것
과 너희 마실 것을 지정하셨거늘 너희의 얼굴이 초췌하여 같은 또래의 소년들만 못한 것
을 그가 보게 할 것이 무엇이냐 그렇게 되면 너희 때문에 내 머리가 왕 앞에서 위태롭게
되리라 하니라 11환관장이 다니엘과 하나냐와 미사엘과 아사랴를 감독하게 한 자에게 다
니엘이 말하되 12청하오니 당신의 종들을 열흘 동안 시험하여 채식을 주어 먹게 하고 물
을 주어 마시게 한 후에 13당신 앞에서 우리의 얼굴과 왕의 음식을 먹는 소년들의 얼굴을
비교하여 보아서 당신이 보는 대로 종들에게 행하소서 하매 14그가 그들의 말을 따라 열

흘 동안 시험하더니 [15]열흘 후에 그들의 얼굴이 더욱 아름답고 살이 더욱 윤택하여 왕의
음식을 먹는 다른 소년들보다 더 좋아 보인지라 [16]그리하여 감독하는 자가 그들에게 지
정된 음식과 마실 포도주를 제하고 채식을 주니라 [17]하나님이 이 네 소년에게 학문을 주
시고 모든 서적을 깨닫게 하시고 지혜를 주셨으니 다니엘은 또 모든 환상과 꿈을 깨달아
알더라 [18]왕이 말한 대로 그들을 불러들일 기한이 찼으므로 환관장이 그들을 느부갓네살
앞으로 데리고 가니 [19]왕이 그들과 말하여 보매 무리 중에 다니엘과 하나냐와 미사엘과
아사랴와 같은 자가 없으므로 그들을 왕 앞에 서게 하고 [20]왕이 그들에게 모든 일을 묻는
중에 그 지혜와 총명이 온 나라 박수와 술객보다 십 배나 나은 줄을 아니라 [21]다니엘은
고레스 왕 원년까지 있으니라

도입을 위한 글

하나님이 예비하신 행복은 역설적인 행복으로, 우리가 신비로운 방법으로 행복을 경험하게 하신다. 그분은 검은 보자기에 행복을 담아서 우리에게 보내실 때가 많다. 고난이라는 검은 보자기, 상처라는 검은 보자기, 때로는 질병이라는 검은 보자기에 행복을 담아 두신다. 하나님은 이러한 검은 보자기 속에 우리가 상상할 수 없는 보화를 담아서 보내주시는 것이다. 당신이 어두움을 통과하고 있다면 어두움마저도 사랑하도록 하라. 당신의 손에 들려진 검은 보자기를 버리지 말라. 연장은 사용할 줄 아는 사람의 것이므로, 고난이라는 연장을 잘 사용하라. 피할 수 없는 고난이라면 친구로 삼고 그를 사랑하라. 그때 당신은 검은 보자기에 싸인 행복을 소유하게 될 것이다.

『가슴 아픈 소리를 내는 사람들의 행복』, 강준민

도입을 위한 질문

❶ 신앙인으로서 살아갈 때 느끼는 어려운 점을 적어봅시다.

❷ 요즘 내가 하나님을 신뢰하는 정도를 점수로 매긴다면 얼마나 됩니까?

본문 질문

오늘 본문은 시대적 배경을 가르쳐줍니다. 본문을 읽으면서 사람 이름이나 지명 또는 나라 이름에 밑줄을 그으면서 읽어보세요.

❶ 유다 왕 여호야김이 나라를 다스린 지 삼 년 되던 해에 어떤 일이 생겼습니까?(1-2절)

❷ 이스라엘 자손 중에서 사람을 뽑을 때, 느부갓네살 왕이 세운 기준은 무엇입니까?(3-4절)

*환관장: 궁정에서 일하는 거세된 남자 또는 시종관을 의미하며, 종종 권력을 갖기도 한다. 바로의 시위대장도 환관장이었다(창 37:36).

❸ 느부갓네살 왕은 뽑힌 사람들에게 무엇을 가르치게 했습니까?(4절)

* 바벨론이 유능한 유대 소년들을 왕궁으로 데려 온 궁극적인 이유는 교육과 부양을 통해 유다의 바벨론화를 시도하려 했기 때문이다.

❹ 뽑힌 사람 중 유다 자손은 누가 있었습니까?(6-7절)

① (　　　　　　　): '하나님께서 심판하신다'는 의미 – 벨드사살
② (　　　　　　　): '하나님은 자비로우시다'는 의미 – 메삭
③ (　　　　　　　): '하나님과 같으신 분이 누구인가'라는 의미 – 사드락
④ (　　　　　　　): '하나님께서 도우신다'는 의미 – 아벳느고

* 개명(改名)은 일반적 정책으로, 정복자들이 피정복민들의 문화와 민족성을 말살시키기 위한 의도에서 취해졌다.

❺ 다니엘은 왕의 음식과 포도주에 대하여 어떻게 했습니까?(8절)

❻ 다니엘이 환관장에게 부탁한 것은 무엇입니까?(12-13절)

❼ 다니엘과 그 친구들의 얼굴은 열흘 후에 어떻게 변했습니까?(15절)

❽ 다니엘이 가지고 있는 특별한 은사는 무엇이었습니까?(17절)

❾ 왕이 다니엘과 친구들을 어떻게 칭찬했습니까?(19-20절)

더 깊은 연구와 묵상을 위하여

우리나라가 개신교를 받아들인 때가 일제 강점기와 겹치면서 일본은 신사참배를 강요하기 시작했습니다. 일제는 자신들의 조상이 신에게서 유래되었다고 하면서 조선의 모든 학생과 국민도 신사에 참배할 것을 강요했습니다. 이를 국가의식의 하나로 간주하고 이에 동조한 사람들도 있었지만, 많은 개신교인들은 이를 우상숭배의 죄로 여겼습니다. 일제는 목사와 장로 등의 지도자들을 회유하고 박해하는 등 갖은 수단을 다 동원하여 신사참배에 동참하도록 강요했습니다. 이때 신사참배 반대 운동의 최선봉에 섰던 분이 바로 주기철 목사님입니다.

『바이블로드 신약』, 장종현 편

❶ 우리나라도 다니엘이 처했던 것처럼 다른 민족에게 포로가 된 경험이 있습니다. 그 당시에 다니엘처럼 살았다면 나의 신앙 원칙은 무엇이었을지 한번 적어봅시다.

❷ 다니엘에게는 사드락, 메삭, 아벳느고라는 세 친구가 있었습니다. 당신에게도 신앙의 친구들이 있습니까? 격려의 편지나, 문자나, 메일을 보내보십시오.

적용을 위한 글

요시야 왕이 유다를 하나님께로 돌아오게 했지만, 유다 백성들은 므낫세 왕 때 범했던 큰 죄악이 있었기 때문에 그 대가를 지불해야만 했습니다. 우리가 여기서 배울 것은 첫째, 유다 백성들이 바벨론의 포로로 잡혀가는 상황도 하나님의 계획 속에 있었다는 것입니다. 상황이 우리에게 유리하든지 그렇지 않든지 간에 모든 일은 하나님의 계획 속에서 이루어집니다. 따라서 바벨론의 승리도 유다의 멸망도 "주께서"(2절) 하신 것입니다. 둘째, 하나님은 그 상황 속에서 가만히 계시는 것이 아니라 자신이 주되심을 드러내셨습니다. 채식을 하고도 다니엘과 세 친구의 얼굴이 좋아지는 것을 본 환관장은 왕이 지정한 포도주가 아니라 채소를 먹도록 허락했습니다. 셋째, 상황을 이길 수 있는 믿음과 뛰어난 은사를 주셨습니다. 다니엘과 세 친구는 학문에 깊이가 있었으며, 다니엘의 경우 환상과 꿈을 깨닫는 은혜를 주셨습니다. 결국 하나님은 위기의 순간에 하나님이 주신 은사를 잘 활용하는 지혜를 통해서 승리하도록 이끄셨습니다.

적용 및 결단을 위한 질문

❶ 신앙생활에 찾아오는 어려움을 어떻게 이겨내야 할지 본문 말씀을 통해 정리해보십시오.

❷ 하나님은 다니엘의 믿음을 어려움 속에서 더욱 빛나게 해 주셨습니다. 당신에게는 하나님에 대한 전적인 신뢰가 있습니까? 신앙 안에서 쉽게 절망하는 부분들이 있다면 함께 나누며 공동체 안에서 간절히 기도해보십시오.

02 은밀한 것을 보여주시는 하나님

본문 다니엘 2:24-49

외울말씀 왕이 대답하여 다니엘에게 이르되 너희 하나님은 참으로 모든 신들의 신이시요 모든 왕의 주재시로다 네가 능히 이 은밀한 것을 나타내었으니 네 하나님은 또 은밀한 것을 나타내시는 이시로다 (47절)

24이에 다니엘은 왕이 바벨론 지혜자들을 죽이라 명령한 아리옥에게로 가서 그에게 이같
이 이르되 바벨론 지혜자들을 죽이지 말고 나를 왕의 앞으로 인도하라 그리하면 내가 그
해석을 왕께 알려 드리리라 하니 25이에 아리옥이 다니엘을 데리고 급히 왕 앞에 들어가
서 아뢰되 내가 사로잡혀 온 유다 자손 중에서 한 사람을 찾아내었나이다 그가 그 해석
을 왕께 알려 드리리이다 하니라 26왕이 대답하여 벨드사살이라 이름한 다니엘에게 이르
되 내가 꾼 꿈과 그 해석을 네가 능히 내게 알게 하겠느냐 하니 27다니엘이 왕 앞에 대답
하여 이르되 왕이 물으신 바 은밀한 것은 지혜자나 술객이나 박수나 점쟁이가 능히 왕께
보일 수 없으되 28오직 은밀한 것을 나타내실 이는 하늘에 계신 하나님이시라 그가 느부
갓네살 왕에게 후일에 될 일을 알게 하셨나이다 왕의 꿈 곧 왕이 침상에서 머리 속으로
받은 환상은 이러하니이다 29왕이여 왕이 침상에서 장래 일을 생각하실 때에 은밀한 것
을 나타내시는 이가 장래 일을 왕에게 알게 하셨사오며 30내게 이 은밀한 것을 나타내심
은 내 지혜가 모든 사람보다 낫기 때문이 아니라 오직 그 해석을 왕에게 알려서 왕이 마
음으로 생각하던 것을 왕에게 알려 주려 하심이니이다 31왕이여 왕이 한 큰 신상을 보셨
나이다 그 신상이 왕의 앞에 섰는데 크고 광채가 매우 찬란하며 그 모양이 심히 두려우
니 32그 우상의 머리는 순금이요 가슴과 두 팔은 은이요 배와 넓적다리는 놋이요 33그 종
아리는 쇠요 그 발은 얼마는 쇠요 얼마는 진흙이었나이다 34또 왕이 보신즉 손대지 아니
한 돌이 나와서 신상의 쇠와 진흙의 발을 쳐서 부서뜨리매 35그때에 쇠와 진흙과 놋과 은
과 금이 다 부서져 여름 타작 마당의 겨 같이 되어 바람에 불려 간 곳이 없었고 우상을

친 돌은 태산을 이루어 온 세계에 가득하였나이다 36그 꿈이 이러한즉 내가 이제 그 해
석을 왕 앞에 아뢰리이다 37왕이여 왕은 여러 왕들 중의 왕이시라 하늘의 하나님이 나라
와 권세와 능력과 영광을 왕에게 주셨고 38사람들과 들짐승과 공중의 새들, 어느 곳에 있
는 것을 막론하고 그것들을 왕의 손에 넘기사 다 다스리게 하셨으니 왕은 곧 그 금 머리
니이다 39왕을 뒤이어 왕보다 못한 다른 나라가 일어날 것이요 셋째로 또 놋 같은 나라가
일어나서 온 세계를 다스릴 것이며 40넷째 나라는 강하기가 쇠 같으리니 쇠는 모든 물건
을 부서뜨리고 이기는 것이라 쇠가 모든 것을 부수는 것 같이 그 나라가 뭇 나라를 부서
뜨리고 찧을 것이며 41왕께서 그 발과 발가락이 얼마는 토기장이의 진흙이요 얼마는 쇠
인 것을 보셨은즉 그 나라가 나누일 것이며 왕께서 쇠와 진흙이 섞인 것을 보셨은즉 그
나라가 쇠 같은 든든함이 있을 것이나 42그 발가락이 얼마는 쇠요 얼마는 진흙인즉 그 나
라가 얼마는 든든하고 얼마는 부서질 만할 것이며 43왕께서 쇠와 진흙이 섞인 것을 보셨
은즉 그들이 다른 민족과 서로 섞일 것이나 그들이 피차에 합하지 아니함이 쇠와 진흙이
합하지 않음과 같으리이다 44이 여러 왕들의 시대에 하늘의 하나님이 한 나라를 세우시
리니 이것은 영원히 망하지도 아니할 것이요 그 국권이 다른 백성에게로 돌아가지도 아
니할 것이요 도리어 이 모든 나라를 쳐서 멸망시키고 영원히 설 것이라 45손대지 아니한
돌이 산에서 나와서 쇠와 놋과 진흙과 은과 금을 부서뜨린 것을 왕께서 보신 것은 크신
하나님이 장래 일을 왕께 알게 하신 것이라 이 꿈은 참되고 이 해석은 확실하니이다 하
니 46이에 느부갓네살 왕이 엎드려 다니엘에게 절하고 명하여 예물과 향품을 그에게 주
게 하니라 47왕이 대답하여 다니엘에게 이르되 너희 하나님은 참으로 모든 신들의 신이
시요 모든 왕의 주재시로다 네가 능히 이 은밀한 것을 나타내었으니 네 하나님은 또 은
밀한 것을 나타내시는 이시로다 48왕이 이에 다니엘을 높여 귀한 선물을 많이 주며 그를
세워 바벨론 온 지방을 다스리게 하며 또 바벨론 모든 지혜자의 어른을 삼았으며 49왕이
또 다니엘의 요구대로 사드락과 메삭과 아벳느고를 세워 바벨론 지방의 일을 다스리게
하였고 다니엘은 왕궁에 있었더라

도입을 위한 글

소아마비로 다리를 저는 어떤 사람이 뉴욕의 링컨센터에서 바이올린 연주를 하던 도중에 현(絃)이 하나 끊어졌다. 그러나 그는 연주를 그친 것이 아니라 조옮김을 해가며 연주를 무사히 마쳤다. 단 세 현으로 아름다운 음악을 연주한 것은 대단한 일이었으며, 그러한 힘든 상황 속에서의 연주는 굉장히 아름다웠다. 우리 인생도 이와 마찬가지다. 매사에 모든 여건이 다 충족되어 있는 것은 아니다. 우리에게도 핸디캡이라는 것이 있지 않은가! 시간이 가면 갈수록 여러 모양의 제약들이 우리 삶 가운데 나타난다. 그러나 하나님께서 함께하시고, 그분이 주신 그 일을 성취하고 나면 그런 제약이 한층 더 빛을 발할 수 있다.

『울어야 산다』, 전병욱

도입을 위한 질문

❶ 믿는 사람들은 매순간마다 우리 삶에 찾아오시는 하나님께 자신의 신앙을 고백합니다. 지금 당신의 신앙고백은 무엇입니까?

❷ 사람들과의 관계 속에서 생긴 위기를 통해 하나님을 더 깊이 체험했던 경험이 있습니까?

본문 질문

오늘 본문은 느부갓네살의 꿈에 대한 부분입니다. 왕의 꿈을 해석하겠다고 찾아왔던 많은 사람들이 무슨 뜻인지 알지 못해 목숨을 잃게 됩니다. 그때 왕을 찾아갔던 사람이 '다니엘'입니다.

❶ 다니엘이 아리옥에게 찾아가 제안한 것은 무엇입니까?(24절)

❷ 아리옥은 왕에게 다니엘을 어떻게 소개하고 있습니까?(25절)

❸ 왕이 다니엘에게 물어본 것은 무엇입니까?(26절)

❹ 느부갓네살의 꿈이 이루어질 것임을 알려주는 부분을 찾아보십시오(28–29절).

* 고대 사람들은 꿈을 매우 진지하게 생각했으며, 꿈을 통해 이뤄질 일들을 해석했다. 성경에는 두 명의 위대한 꿈 해석자들인 요셉(창 40:5–22, 41:1–38)과 다니엘(단 2:1–47, 4:1–19)이 나온다.

❺ 다니엘이 왕에게 대답한 내용을 정리해보십시오(27-30절).

❻ 하나님이 다니엘에게 은밀한 것을 보여주신 이유는 무엇입니까?(30절)

❼ 다니엘이 왕 앞에서 해석한 꿈의 내용을 정리해보십시오(37-45절).

❽ 다니엘이 해석한 꿈의 가장 중요한 부분은 무엇입니까?(44절)

❾ 왕은 하나님에 대해서 어떤 고백을 합니까?(47절)

* 그의 고백은 하나님이 유일한 신앙의 대상이 아니라 많은 신과 더불어 영광을 받으실 분이라는 의미다. 그 이유는 우상인 금신상을 제작한 것을 통해서 알 수 있다.

❿ 왕은 다니엘에게 어떤 호의를 베풀었습니까?(46, 48-49절)

더 깊은 연구와 묵상을 위하여

내 아들 존 아론이 태어난 지 몇 달 안 되었을 때의 일입니다. 나는 매일 아침 교회에 나가기 전에 아기용 침대 위로 허리를 구부리고 아들의 작은 손을 잡고 이렇게 말했습니다. "아론, 내가 아빠야. 지금 아빠는 차를 타고 교회에 가야 할 시간이거든. 우리는 오늘 사람들을 예수님께로 인도하려고 한단다." 내가 말하면 존은 옹알이를 하면서 웃기도 하고, 작은 팔을 휘저으며 침으로 방울을 만들기도 합니다. 왜 그럴까요? 익숙한 목소리를 듣고 있기 때문입니다. 존은 아빠가 옆에 있다는 사실을 알고 있는 것입니다. 태어난 지 몇 달밖에 안 된 존이, 나의 말을 알아들었을까요? 물론 알아듣지 못했을 것입니다. 그러나 존이 성장하고 성숙해지면서 내가 말하는 모든 것들을 이해하기 시작했습니다.

『하나님과의 친밀한 대화』, 래리 리

❶ 하나님은 은밀한 것을 나타내는 분이십니다. 이것에 대해서 다니엘이 먼저 고백했던 것처럼(28절), 느부갓네살 왕도 고백합니다(47절). 하나님은 말씀을 통해 은밀한 것을 드러내길 원하십니다. 당신은 하나님의 말씀 속에 숨어 있는 은밀한 비밀에 관심을 갖고 있습니까? 성경 읽기표를 활용하여 구체적인 말씀 묵상 계획을 세워보십시오.

❷ 다니엘은 왕 앞에서 당당합니다. 죽음에 직면할지도 모르는 상황에서 의연하게 아리옥을 설득하고, 왕에게 꿈을 해석해줍니다. 이와 같이 다니엘은 포로였지만 누구보다도 담대했습니다. 지금 당신이 뛰어넘어야 할 벽이 있다면 무엇입니까? 담대한 믿음을 위해 기도(히 10:35-36)하고 있습니까?

적용을 위한 글

하나님은 역사의 주관자이십니다. 강력한 나라와 왕이 세상을 움직이고 있는 것 같지만, 그것은 하루아침에, 돌 하나에 부서져 먼지가 될 수 있습니다. 지금도 하나님의 손은 역사 속에 나타나며, 우리의 힘으로 왔다고 생각하지만, 사실 보이지 않는 하나님의 역사로 여기까지 올 수 있었습니다. 또한 하나님은 위기 가운데 자신을 나타내 보이는 구원자이십니다. 느부갓네살이 꿈을 가지고 고민할 때, 너무 괴로운 나머지 모든 지혜자를 죽이려고 했습니다. 그때 다니엘은 아리옥이라는 환관장을 통해 왕을 설득하여 바벨론의 모든 지혜자의 생명을 살릴 수 있었습니다. 하지만 이 모든 것은 오래 참으시고 구원을 이루려 하시는 하나님의 계획이었습니다. 결국 느부갓네살은 하나님에 대해 "너희 하나님은 참으로 모든 신들의 신이시요 모든 왕의 주재시로다"(47절)라고 고백합니다.

적용 및 결단을 위한 질문

❶ 당시에 죽을 수밖에 없었던 바벨론의 지혜자들은 다니엘 덕분에 다시 살게 되었습니다. 죽을 수밖에 없는 우리도 예수 그리스도로 인해 생명을 얻었습니다. 나로 인해 누군가가 살아나길 바라는 마음으로, 당신이 지금 찾아가 위로해야 할 사람은 누구입니까?

❷ 사람들은 자기 인생의 진로를 놓고 고민하면서 누군가에게 말하거나 상담을 받으려고 합니다. 다니엘은 하나님께 붙들린 사람이었으므로 느부갓네살의 고민을 해결해 줄 수 있었습니다. 다니엘과 같은 삶을 살기 위해 당신이 지금 준비해야 할 것들은 무엇입니까?

03 사람을 구원할 다른 신은 없다

본문 다니엘 3:8-30

외울말씀 그러므로 내가 이제 조서를 내리노니 각 백성과 각 나라와 각 언어를 말하는 자가 모두 사드락과 메삭과 아벳느고의 하나님께 경솔히 말하거든 그 몸을 쪼개고 그 집을 거름터로 삼을지니 이는 이같이 사람을 구원할 다른 신이 없음이니라 하더라 (29절)

8그때에 어떤 갈대아 사람들이 나아와 유다 사람들을 참소하니라 9그들이 느부갓네살 왕
에게 이르되 왕이여 만수무강 하옵소서 10왕이여 왕이 명령을 내리사 모든 사람이 나팔
과 피리와 수금과 삼현금과 양금과 생황과 및 모든 악기 소리를 듣거든 엎드려 금 신상
에게 절할 것이라 11누구든지 엎드려 절하지 아니하는 자는 맹렬히 타는 풀무불 가운데
에 던져 넣음을 당하리라 하지 아니하셨나이까 12이제 몇 유다 사람 사드락과 메삭과 아
벳느고는 왕이 세워 바벨론 지방을 다스리게 하신 자이거늘 왕이여 이 사람들이 왕을 높
이지 아니하며 왕의 신들을 섬기지 아니하며 왕이 세우신 금 신상에게 절하지 아니하나
이다 13느부갓네살 왕이 노하고 분하여 사드락과 메삭과 아벳느고를 끌어오라 말하매 드
디어 그 사람들을 왕의 앞으로 끌어온지라 14느부갓네살이 그들에게 물어 이르되 사드락,
메삭, 아벳느고야 너희가 내 신을 섬기지 아니하며 내가 세운 금 신상에게 절하지 아니
한다 하니 사실이냐 15이제라도 너희가 준비하였다가 나팔과 피리와 수금과 삼현금과 양
금과 생황과 및 모든 악기 소리를 들을 때 내가 만든 신상 앞에 엎드려 절하면 좋거니와
너희가 만일 절하지 아니하면 즉시 너희를 맹렬히 타는 풀무불 가운데에 던져 넣을 것이
니 능히 너희를 내 손에서 건져낼 신이 누구이겠느냐 하니 16사드락과 메삭과 아벳느고
가 왕에게 대답하여 이르되 느부갓네살이여 우리가 이 일에 대하여 왕에게 대답할 필요
가 없나이다 17왕이여 우리가 섬기는 하나님이 계시다면 우리를 맹렬히 타는 풀무불 가운
데에서 능히 건져내시겠고 왕의 손에서도 건져내시리이다 18그렇게 하지 아니하실지라도
왕이여 우리가 왕의 신들을 섬기지도 아니하고 왕이 세우신 금 신상에게 절하지도 아니

할 줄을 아옵소서 19느부갓네살이 분이 가득하여 사드락과 메삭과 아벳느고를 향하여 얼
굴빛을 바꾸고 명령하여 이르되 그 풀무불을 뜨겁게 하기를 평소보다 칠 배나 뜨겁게 하
라 하고 20군대 중 용사 몇 사람에게 명령하여 사드락과 메삭과 아벳느고를 결박하여 극
렬히 타는 풀무불 가운데에 던지라 하니라 21그러자 그 사람들을 겉옷과 속옷과 모자와
다른 옷을 입은 채 결박하여 맹렬히 타는 풀무불 가운데에 던졌더라 22왕의 명령이 엄하
고 풀무불이 심히 뜨거우므로 불꽃이 사드락과 메삭과 아벳느고를 붙든 사람을 태워 죽
였고 23이 세 사람 사드락과 메삭과 아벳느고는 결박된 채 맹렬히 타는 풀무불 가운데에
떨어졌더라 24그때에 느부갓네살 왕이 놀라 급히 일어나서 모사들에게 물어 이르되 우리
가 결박하여 불 가운데에 던진 자는 세 사람이 아니었느냐 하니 그들이 왕에게 대답하여
이르되 왕이여 옳소이다 하더라 25왕이 또 말하여 이르되 내가 보니 결박되지 아니한 네
사람이 불 가운데로 다니는데 상하지도 아니하였고 그 넷째의 모양은 신들의 아들과 같
도다 하고 26느부갓네살이 맹렬히 타는 풀무불 아귀 가까이 가서 불러 이르되 지극히 높
으신 하나님의 종 사드락, 메삭, 아벳느고야 나와서 이리로 오라 하매 사드락과 메삭과
아벳느고가 불 가운데에서 나온지라 27총독과 지사와 행정관과 왕의 모사들이 모여 이
사람들을 본즉 불이 능히 그들의 몸을 해하지 못하였고 머리털도 그을리지 아니하였고
겉옷 빛도 변하지 아니하였고 불 탄 냄새도 없었더라 28느부갓네살이 말하여 이르되 사
드락과 메삭과 아벳느고의 하나님을 찬송할지로다 그가 그의 천사를 보내사 자기를 의뢰
하고 그들의 몸을 바쳐 왕의 명령을 거역하고 그 하나님 밖에는 다른 신을 섬기지 아니
하며 그에게 절하지 아니한 종들을 구원하셨도다 29그러므로 내가 이제 조서를 내리노니
각 백성과 각 나라와 각 언어를 말하는 자가 모두 사드락과 메삭과 아벳느고의 하나님께
경솔히 말하거든 그 몸을 쪼개고 그 집을 거름터로 삼을지니 이는 이같이 사람을 구원할
다른 신이 없음이니라 하더라 30왕이 드디어 사드락과 메삭과 아벳느고를 바벨론 지방에
서 더욱 높이니라

도입을 위한 글

존 칼빈은 우리의 마음이 우상을 만들어내는 공장과 같아서 계속해서 우리의 관심과 사랑의 대상이 되는 새로운 것을 만들어낸다고 말했다. 우리는 항상 가장 가치 있다고 여기는 것을 추구한다. 그리고 우리가 추구하는 대상은 우리의 우상이 되어 우리를 다스리고 우리의 행동을 결정한다. 어떤 특정한 사람이나 상황, 소유, 사고방식, 감정 등 우리가 다른 어떤 것보다도 중요하게 생각하는 모든 것이 우상이 될 수 있다. 우리가 하나님의 자리에 놓고 섬기는 우상들은 금송아지나 나무 조각처럼 눈에 드러나는 것이 아니다. 그것들은 너무나 교묘하고, 그러면서도 우리 삶에 넓게 퍼져 있고, 영향력이 있다. 우리는 권력, 즐거움, 일, 관계 등 하나님이 아닌 가장 어리석은 것들을 원한다. 이 중 어떤 것은 하나님이 우리를 다스리실 권리를 빼앗아 버리고 우리의 삶을 주관할 수 있다.

『예배자가 알아야 할 60가지 메시지』, 탐 크라우터 외

도입을 위한 질문

❶ 성경은 모세 당시 금송아지를 만들어 놓고 절했던 것과 이스라엘의 왕들이 아세라 목상 앞에 제사했던 일을 언급합니다. 당신에게 있어서 우상은 무엇입니까?

개인적 영역-

가정의 영역-

사회적 영역-

❷ 현재 당신의 삶에서 가장 감사한 부분들을 적어보고 감사기도를 드립시다.

본문 질문

오늘 본문은 계속적으로 찾아오는 연단에 대해서 기록했습니다. 다니엘의 세 친구를 통해 참된 신앙이 무엇인지 다시 생각해보는 기회로 만드십시오.

❶ 다니엘의 세 친구는 금으로 만든 신상 앞에서 어떻게 했습니까?(12절)

* 느부갓네살이 만든 금 신상의 높이는 무려 90피트(27m)나 되었고, 넓이는 9피트(2.7m)였다.

❷ 느부갓네살은 다니엘의 세 친구에게 무엇을 요구했습니까?(15절)

* 이 표현은 다시 한 번 이들에게 기회를 주겠다는 의미다.

❸ 다니엘의 세 친구는 왕의 요구에 무엇이라고 답했습니까?(16-17절)

❹ 다니엘의 세 친구의 신앙을 잘 알 수 있는 대답은 무엇입니까?(18절)

* 그렇게 하지 아니하실지라도: 'But even if he does not'의 신앙은 우리가 잘 아는 것처럼 하박국이 고백했던 표현이다. '그리 아니하실지라도' 하나님을 신뢰한다고 고백한 것이다.

❺ 느부갓네살은 분이 가득하여 어떤 명령을 내렸습니까?(19절)

* 성경에서 숫자 '7'은 완전을 의미한다. 이것은 '할 수 있는 한도 내에서의 최대한'을 가리킨다. 그만큼 느부갓네살의 분노가 컸음을 알 수 있다.

❻ 풀무불에 던져진 다니엘의 세 친구는 어떤 상태였습니까?(21절)

❼ 왕은 왜 놀랐습니까?(24-25절)

* 왕이 '신들'이라고 표현한 것은 다신론적인 의미로서의 복수형 표현이다.

❽ 왕은 사드락, 메삭, 아벳느고를 밖으로 나오라고 부르면서 뭐라고 말했습니까?(26절) * 여기서도 유일신이 아니라 많은 신들 중에서 높은 신이라는 의미로 말한 것이다.

❾ 왕이 내린 조서의 내용은 무엇이었습니까?(29절)

❿ 다니엘의 세 친구는 이 사건으로 인해 어떻게 되었습니까?(30절)

더 깊은 연구와 묵상을 위하여

우상을 두려워한다는 것은 기본적으로 하나님을 믿지 않는다는 것을 뜻한다. 사람들이 우상을 두려워하는 이유는 우상을 달래주기 위해서이거나, 우상이 시키는 대로 하지 않으면 행복을 빼앗길까봐 두렵기 때문이다. 세상이 주는 안위와 편안함이 주인이고 하나님이 주인 되지 않는 모습이다. 이들은 교회는 나오지만 하나님의 자녀로서의 축복은 누리지 못하는 것이다. 우리가 사탄이 주는 두려움을 이기기 위해서는 불행을 감수하겠다는 마음을 갖는 것이 중요하다. 내 행복이 그리 중요하지 않다고 생각하고 하나님의 영광을 추구할 때, 두려움은 우리를 이기지 못한다.

『내려놓음』, 이용규

❶ 느부갓네살이 만들어 놓은 금 신상을 보면서 우리 앞에 얼마나 많은 금 신상이 있고, 얼마나 많은 사람들이 그것을 따라가고 있는지 생각해본 적이 있습니까? 다니엘의 세 친구는 구원자되시는 하나님을 버리지 않았습니다. 우리는 신앙, 돈, 출세 등의 문제 앞에서 무엇을 선택할 것인지 결정해야 합니다. 당신에게 신앙이란 무엇입니까? 그에 대한 선택과 결단을 적어보십시오.

❷ 다니엘의 세 친구는 신앙을 목숨과도 바꾸지 않았으며, 타협할 수밖에 없는 상황임에도 불구하고 그렇게 하지 않았습니다. 오히려 "왕의 손에서도 건져내시리이다"(17절)라고 말했으며, '설사 하나님이 그렇게 하지 아니하실지라도' 타협할 수 없음을 고백했습니다. 당신은 삶 속에서 계속 타협해야 하는 상황이 발생할 때, 어떻게 거절하고 신앙적인 삶을 따라갑니까?

적용을 위한 글

느부갓네살은 금 신상을 만들어 더욱 확고한 왕권을 유지하려고 했지만, 그것은 소용없는 일이 되었습니다. 절망적인 환경 속에서도 하나님은 하나님의 사람들을 지키시기 때문입니다. 오직 하나님만 섬기겠다던 다니엘의 세 친구는 결박당한 채, 평소보다 7배나 뜨거운 풀무불로 던져졌습니다. 하지만 느부갓네살의 눈에 보인 것은 네 사람이었습니다. 이것은 하나님의 역사를 준비한 것이었으며, 하나님께서 자신을 드러내시기 위함이었습니다. 결국 느부갓네살로 하여금 하나님을 찬송하게 하고, "사람을 구원할 다른 신이 없음이니라"(29절)는 고백을 하게 하십니다. 하나님은 낮의 해도, 밤의 달도 우리를 해치지 못하게 하시며, 우리의 출입부터 영원까지 인도하시는 분이십니다(시 121:8).

적용 및 결단을 위한 질문

❶ 하나님과의 관계를 바르고 견고하게 하기 위해 실천할 사항들을 적어보십시오.

i)

ii)

iii)

04 누가 진정한 왕인가?

| 본문 다니엘 4:19-37

| 외울말씀 또 그들이 그 나무뿌리의 그루터기를 남겨 두라 하였은즉 하나님이 다스리시는 줄을 왕이 깨달은 후에야 왕의 나라가 견고하리이다 (26절)

19벨드사살이라 이름한 다니엘이 한동안 놀라며 마음으로 번민하는지라 왕이 그에게 말
하여 이르기를 벨드사살아 너는 이 꿈과 그 해석으로 말미암아 번민할 것이 아니니라 벨
드사살이 대답하여 이르되 내 주여 그 꿈은 왕을 미워하는 자에게 응하며 그 해석은 왕
의 대적에게 응하기를 원하나이다 20왕께서 보신 그 나무가 자라서 견고하여지고 그 높
이는 하늘에 닿았으니 땅 끝에서도 보이겠고 21그 잎사귀는 아름답고 그 열매는 많아서
만민의 먹을 것이 될 만하고 들짐승은 그 아래에 살며 공중에 나는 새는 그 가지에 깃들
었나이다 22왕이여 이 나무는 곧 왕이시라 이는 왕이 자라서 견고하여지고 창대하사 하
늘에 닿으시며 권세는 땅 끝까지 미치심이니이다 23왕이 보신즉 한 순찰자, 한 거룩한 자
가 하늘에서 내려와서 이르기를 그 나무를 베어 없애라 그러나 그 뿌리의 그루터기는
땅에 남겨 두고 쇠와 놋줄로 동이고 그것을 들풀 가운데에 두라 그것이 하늘 이슬에 젖
고 또 들짐승들과 더불어 제 몫을 얻으며 일곱 때를 지내리라 하였나이다 24왕이여 그
해석은 이러하니이다 곧 지극히 높으신 이가 명령하신 것이 내 주 왕에게 미칠 것이라
25왕이 사람에게서 쫓겨나서 들짐승과 함께 살며 소처럼 풀을 먹으며 하늘 이슬에 젖을
것이요 이와 같이 일곱 때를 지낼 것이라 그때에 지극히 높으신 이가 사람의 나라를 다
스리시며 자기의 뜻대로 그것을 누구에게든지 주시는 줄을 아시리이다 26또 그들이 그
나무뿌리의 그루터기를 남겨 두라 하였은즉 하나님이 다스리시는 줄을 왕이 깨달은 후
에야 왕의 나라가 견고하리이다 27그런즉 왕이여 내가 아뢰는 것을 받으시고 공의를 행
함으로 죄를 사하고 가난한 자를 긍휼히 여김으로 죄악을 사하소서 그리하시면 왕의 평
안함이 혹시 장구하리이다 하니라 28이 모든 일이 다 나 느부갓네살 왕에게 임하였느니

라 29열두 달이 지난 후에 내가 바벨론 왕궁 지붕에서 거닐새 30나 왕이 말하여 이르되
이 큰 바벨론은 내가 능력과 권세로 건설하여 나의 도성으로 삼고 이것으로 내 위엄의
영광을 나타낸 것이 아니냐 하였더니 31이 말이 아직도 나 왕의 입에 있을 때에 하늘에서
소리가 내려 이르되 느부갓네살 왕아 네게 말하노니 나라의 왕위가 네게서 떠났느니라
32네가 사람에게서 쫓겨나서 들짐승과 함께 살면서 소처럼 풀을 먹을 것이요 이와 같이
일곱 때를 지내서 지극히 높으신 이가 사람의 나라를 다스리시며 자기의 뜻대로 그것을
누구에게든지 주시는 줄을 알기까지 이르리라 하더라 33바로 그때에 이 일이 나 느부갓
네살에게 응하므로 내가 사람에게 쫓겨나서 소처럼 풀을 먹으며 몸이 하늘 이슬에 젖고
머리털이 독수리 털과 같이 자랐고 손톱은 새 발톱과 같이 되었더라 34그 기한이 차매 나
느부갓네살이 하늘을 우러러 보았더니 내 총명이 다시 내게로 돌아온지라 이에 내가 지
극히 높으신 이에게 감사하며 영생하시는 이를 찬양하고 경배하였나니 그 권세는 영원
한 권세요 그 나라는 대대에 이르리로다 35땅의 모든 사람들을 없는 것 같이 여기시며 하
늘의 군대에게든지 땅의 사람에게든지 그는 자기 뜻대로 행하시나니 그의 손을 금하든
지 혹시 이르기를 네가 무엇을 하느냐고 할 자가 아무도 없도다 36그때에 내 총명이 내게
로 돌아왔고 또 내 나라의 영광에 대하여도 내 위엄과 광명이 내게로 돌아왔고 또 나의
모사들과 관원들이 내게 찾아오니 내가 내 나라에서 다시 세움을 받고 또 지극한 위세가
내게 더하였느니라 37그러므로 지금 나 느부갓네살은 하늘의 왕을 찬양하며 칭송하며 경
배하노니 그의 일이 다 진실하고 그의 행하심이 의로우시므로 교만하게 행하는 자를 그
가 능히 낮추심이라

도입을 위한 글

요즘 어딜 가나 "변해야 산다"고들 합니다. 21세기를 코앞에 두고 너나 할 것없이 세계화를 시도하거나 또는 미래 지향적 변신을 꾀하고 있습니다. 모두 지당한 말씀이고 마땅한 처사라 하겠습니다. 그런데 그 변화의 방향과 방안은 아무도 선뜻 내놓지 못하는 것 같습니다. 기독교는 오래 전부터 "당신은 변할 수 있습니다. 변해서 새사람이 될 수 있습니다"라고 가르쳤고, 또 그런 체험을 고백해 왔습니다. 사람을 변화시키는 요인들 가운데 중요한 것 중의 하나는 신앙입니다. 신앙은 사람과 사람 사이에서 형성되는 신뢰나 신의 신용과는 전혀 다른 차원의 것입니다. 신앙은 근본적으로 하나님과 인간과의 관계에서만 쓰이는 개념입니다. 따라서 신앙의 생성은 인간이 하나님을 만나는 체험을 가질 때만 가능합니다.

『변화와 도전』, 김중기

도입을 위한 질문

❶ 당신은 언제 주님을 인격적으로 다시 영접했습니까?

❷ 당신의 삶에 있어서 회복되어야 하는 부분은 어떤 것이 있습니까?

본문 질문

❶ 느부갓네살이 바벨론의 왕으로 통치하는 동안 경험한 하나님의 능력을 정리해 보십시오.

i)

ii)

iii)

❷ 다니엘은 왜 한동안 놀라며 마음으로 번민했습니까?(19절)

❸ 다니엘은 왕이 꿈에서 본 나무는 무엇이며, 어떻게 된다고 말했습니까?(22-24절)

❹ 다니엘은 왕이 장차 어떻게 될 것이라 설명해 줍니까?(25절)

❺ 나라가 견고해지려면 왕이 어떻게 해야 합니까?(26절)

* 여기서 '하나님'은 'אלהים 엘로힘'이 아니라 '높은 곳 또는 하늘'을 뜻하는 'שָׁמַיִם 샤마임'이다.

❻ 다니엘이 왕에게 제안한 내용은 무엇입니까?(27절)

❼ 왕은 그의 꿈처럼 일곱 때를 어떻게 보냈습니까?(31-33절)

* 31절의 '하늘'은 26절 '하나님'을 지칭하는 표현과 같다.

❽ 왕의 신체부위들은 어떻게 되었습니까?(33절)

❾ 왕은 기한이 다 찬 후에 어떤 회복을 경험합니까?(34-36절)

⑩ 왕은 어떤 사람으로 변화됩니까?(37절)

더 깊은 연구와 묵상을 위하여

삶이란 고행입니다. 이 말은 위대한 진리이며, 가장 위대한 진리들 가운데 하나입니다. 우리가 이 진리를 진실된 마음으로 깨우치기만 한다면 그것을 극복할 수 있습니다. 일단 삶이 어렵다는 것을 깨닫기만 한다면-우리가 그것을 진정으로 이해하고 받아들이기만 한다면-삶은 더 이상 고통스럽지 않게 됩니다. 일단 삶이 어렵다는 사실을 깨달은 이상, 그것은 더 이상 해결하지 못할 문제가 아닙니다. 대부분의 사람들은 삶이 어렵다는 이 진리를 충분히 인식하지 못합니다. 대신에 그들은 삶이란 일반적으로는 수월하며, 또 그래야 하는 것처럼 생각합니다. 그래서 자신이 지니고 있는 짐과 자신에게 닥친 문제가 너무 크다고 노골적으로든지, 간접적으로든지 끊임없이 불평하며 신음합니다.

「끝나지 않은 길」 M.스캇 펙

❶ 느부갓네살이 겪어야 했던 일곱 때는 하나님이 개입하신 시간이었습니다. 당신의 삶 속에 하나님이 개입해 주심을 어떻게 느끼며 살아가고 있습니까?

* 성경에 나타난 시간은 크게 두 가지로서, '크로노스'와 '카이로스'가 있다. 크로노스는 우리가 아는 것처럼 시간의 흐름에 따라 움직이는 시간이며, 카이로스는 내 삶 속에 개입해 주시는 하나님의 시간이다.

❷ 느부갓네살은 일곱 때를 지내며 환난을 겪습니다. 그러나 그 아픔을 통해 진정으로 하나님을 만났습니다. 당신에게 주시는 하나님의 깨달음은 무엇입니까?

적용을 위한 글

다니엘은 왕의 꿈을 듣고 두려움에 떨었습니다. 그 꿈을 통해서 보여주시는 하나님의 계획이 있었기 때문에 그 해석을 왕에게 말하는 것은 어려웠지만, 그럼에도 불구하고 다니엘은 하나님의 계획을 알려주었습니다. 이처럼 우리도 세상을 살아가면서 때로는 누군가가 바른 신앙의 길을 갈 수 있도록 지혜롭게 말해주어야 합니다. 다니엘처럼 긍휼한 마음으로 말해주고, 그가 하나님의 뜻 앞에 바로 세워졌을 때는 함께 기뻐해야 합니다. 느부갓네살이 하나님을 칭송하며 경배할 수 있었던 것도 하나님이 보내신 다니엘 때문이었습니다.

적용 및 결단을 위한 질문

❶ 당신은 자신의 한계를 인정하고 있습니까?

❷ 느부갓네살의 삶을 보면서 지금 당신이 하나님의 뜻을 구하고, 회개해야 할 부분은 무엇입니까?

05 하나님의 손가락

| 본문 다니엘 5:1-31

| 외울말씀 왕의 나라에 거룩한 신들의 영이 있는 사람이 있으니 곧 왕의 부친 때에 있던 자로서 명철과 총명과 지혜가 신들의 지혜와 같은 자니이다 왕의 부친 느부갓네살 왕이 그를 세워 박수와 술객과 갈대아 술사와 점쟁이의 어른을 삼으셨으니 (11절)

1벨사살 왕이 그의 귀족 천 명을 위하여 큰 잔치를 베풀고 그 천 명 앞에서 술을 마시니라
2벨사살이 술을 마실 때에 명하여 그의 부친 느부갓네살이 예루살렘 성전에서 탈취하여 온
금, 은 그릇을 가져오라고 명하였으니 이는 왕과 귀족들과 왕후들과 후궁들이 다 그것으로 마
시려 함이었더라 3이에 예루살렘 하나님의 전 성소 중에서 탈취하여 온 금 그릇을 가져오매
왕이 그 귀족들과 왕후들과 후궁들과 더불어 그것으로 마시더라 4그들이 술을 마시고는 그
금, 은, 구리, 쇠, 나무, 돌로 만든 신들을 찬양하니라 5그때에 사람의 손가락들이 나타나서 왕
궁 촛대 맞은편 석회벽에 글자를 쓰는데 왕이 그 글자 쓰는 손가락을 본지라 6이에 왕의 즐기
던 얼굴 빛이 변하고 그 생각이 번민하여 넓적다리 마디가 녹는 듯하고 그의 무릎이 서로 부
딪친지라 7왕이 크게 소리 질러 술객과 갈대아 술사와 점쟁이를 불러오게 하고 바벨론의 지
혜자들에게 말하되 누구를 막론하고 이 글자를 읽고 그 해석을 내게 보이면 자주색 옷을 입
히고 금사슬을 그의 목에 걸어 주리니 그를 나라의 셋째 통치자로 삼으리라 하니라 8그때에
왕의 지혜자가 다 들어왔으나 능히 그 글자를 읽지 못하며 그 해석을 왕께 알려 주지 못하는
지라 9그러므로 벨사살 왕이 크게 번민하여 그의 얼굴빛이 변하였고 귀족들도 다 놀라니라 10
왕비가 왕과 그 귀족들의 말로 말미암아 잔치하는 궁에 들어왔더니 이에 말하여 이르되 왕이
여 만수무강 하옵소서 왕의 생각을 번민하게 하지 말며 얼굴빛을 변할 것도 아니니이다 11왕
의 나라에 거룩한 신들의 영이 있는 사람이 있으니 곧 왕의 부친 때에 있던 자로서 명철과 총
명과 지혜가 신들의 지혜와 같은 자니이다 왕의 부친 느부갓네살 왕이 그를 세워 박수와 술
객과 갈대아 술사와 점쟁이의 어른을 삼으셨으니 12왕이 벨드사살이라 이름하는 이 다니엘은
마음이 민첩하고 지식과 총명이 있어 능히 꿈을 해석하며 은밀한 말을 밝히며 의문을 풀 수

있었나이다 이제 다니엘을 부르소서 그리하시면 그가 그 해석을 알려 드리리이다 하니라 13
이에 다니엘이 부름을 받아 왕의 앞에 나오매 왕이 다니엘에게 말하되 네가 나의 부왕이 유
다에서 사로잡아 온 유다 자손 중의 그 다니엘이냐 14내가 네게 대하여 들은즉 네 안에는 신
들의 영이 있으므로 네가 명철과 총명과 비상한 지혜가 있다 하도다 15지금 여러 지혜자와 술
객을 내 앞에 불러다가 그들에게 이 글을 읽고 그 해석을 내게 알게 하라 하였으나 그들이 다
그 해석을 내게 보이지 못하였느니라 16내가 네게 대하여 들은즉 너는 해석을 잘하고 의문을
푼다 하도다 그런즉 이제 네가 이 글을 읽고 그 해석을 내게 알려 주면 네게 자주색 옷을 입
히고 금 사슬을 네 목에 걸어 주어 너를 나라의 셋째 통치자로 삼으리라 하니 17다니엘이 왕
에게 대답하여 이르되 왕의 예물은 왕이 친히 가지시며 왕의 상급은 다른 사람에게 주옵소서
그럴지라도 내가 왕을 위하여 이 글을 읽으며 그 해석을 아뢰리이다 18왕이여 지극히 높으신
하나님이 왕의 부친 느부갓네살에게 나라와 큰 권세와 영광과 위엄을 주셨고 19그에게 큰 권
세를 주셨으므로 백성들과 나라들과 언어가 다른 모든 사람들이 그의 앞에서 떨며 두려워하
였으며 그는 임의로 죽이며 임의로 살리며 임의로 높이며 임의로 낮추었더니 20그가 마음이
높아지며 뜻이 완악하여 교만을 행하므로 그의 왕위가 폐한 바 되며 그의 영광을 빼앗기고 21
사람 중에서 쫓겨나서 그의 마음이 들짐승의 마음과 같았고 또 들나귀와 함께 살며 또 소처
럼 풀을 먹으며 그의 몸이 하늘 이슬에 젖었으며 지극히 높으신 하나님이 사람 나라를 다스
리시며 자기의 뜻대로 누구든지 그 자리에 세우시는 줄을 알기에 이르렀나이다 22벨사살이여
왕은 그의 아들이 되어서 이것을 다 알고도 아직도 마음을 낮추지 아니하고 23도리어 자신을
하늘의 주재보다 높이며 그의 성전 그릇을 왕 앞으로 가져다가 왕과 귀족들과 왕후들과 후궁
들이 다 그것으로 술을 마시고 왕이 또 보지도 듣지도 알지도 못하는 금, 은, 구리, 쇠와 나무,
돌로 만든 신상들을 찬양하고 도리어 왕의 호흡을 주장하시고 왕의 모든 길을 작정하시는 하
나님께는 영광을 돌리지 아니한지라 24이러므로 그의 앞에서 이 손가락이 나와서 이 글을 기
록하였나이다 25기록된 글자는 이것이니 곧 메네 메네 데겔 우바르신이라 26그 글을 해석하
건대 메네는 하나님이 이미 왕의 나라의 시대를 세어서 그것을 끝나게 하셨다 함이요 27데겔
은 왕을 저울에 달아 보니 부족함이 보였다 함이요 28베레스는 왕의 나라가 나뉘어서 메대와
바사 사람에게 준 바 되었다 함이니이다 하니 29이에 벨사살이 명하여 그들이 다니엘에게 자
주색 옷을 입히게 하며 금 사슬을 그의 목에 걸어 주고 그를 위하여 조서를 내려 나라의 셋째
통치자로 삼으니라 30그날 밤에 갈대아 왕 벨사살이 죽임을 당하였고 31메대 사람 다리오가
나라를 얻었는데 그때에 다리오는 육십이 세였더라

도입을 위한 글

사막이나 황무지에서 자라는 풀들은 보기에 아주 작고 보잘것없다. 그렇지만 보이는 것만 가지고 풀들을 판단해서는 안 된다. 보이지는 않지만 수십 또는 수백 킬로미터가 넘는 것도 있을 만큼 거대한 뿌리를 가지고 있으며, 뿌리는 땅 속 곳곳을 장악하며 물을 빨아올리고 있다. 풀들이 척박한 토양에서도 자라나는 비결은 바로 이 깊은 뿌리 때문이다. 그리스도인은 무엇보다 하나님과의 관계뿐만 아니라 인간관계에서도 이처럼 깊고 넓게 뿌리를 내려야 한다. 그래야 하나님이 기뻐하시는 삶을 살 수 있다. 그리스도인에게 있어서 삶의 변화는 지금까지 나만 생각했던 삶에서 하늘을 향해, 그리고 이웃을 향해 눈을 뜨고 사랑을 하는 것으로 나타나야 한다.

『당신 안에 있는 영성을 깨워라』, 양창삼

도입을 위한 질문

❶ 느부갓네살은 마지막 즈음에야 하나님을 믿고 죽게 되었습니다. 당신은 하나님과 사람들 앞에 어떤 사람으로 평가되길 바라고 있습니까?

❷ 사람들이 하나님과 하나님의 사람들을 조롱할 때 어떻게 대처하는 것이 지혜로운 방법일까요?

본문 질문

본문은 벨사살이라는 새로운 왕을 통해 하나님에 대해서 무지했던 사람의 인생이 어떻게 마감되는지 보여줍니다. 성령께서 깊은 깨달음을 주시길 기도하며, 다니엘의 예언에 귀를 기울여 보십시오.

❶ 벨사살이 왕이 된 후 열었던 잔치에서 어떤 일들이 벌어졌습니까?(1-4절)

* 벨사살은 자신이 아버지 느부갓네살보다 강하다는 것을 증명하기 위해 귀족들을 불러 잔치를 열고, 성전의 그릇들에 술을 따라 마시고 우상을 찬양함으로써 자기 힘을 자랑하려고 했다.

❷ 벨사살 왕은 무엇을 보았습니까?(5절)

❸ 왕의 모습이 어떻게 변했습니까?(6절)

❹ 왕비가 왕에게 소개한 다니엘은 어떤 사람이었습니까?(11-12절)

❺ 왕은 다니엘 안에 무엇이 있다고 했습니까?(14절)

❻ 왕은 다니엘에게 해석을 알려주면 어떻게 해주겠다고 제안합니까?(16절)

❼ 다니엘은 왕에게 어떤 이야기를 들려줍니까?(18–24절)

❽ '메네 메네 데겔 우바르신'을 해석하면 무슨 뜻입니까?(25–28절)

* '불길한 예감이 들어(read the hand writing on the wall)'라는 숙어는, 축제 중 벽에 하나님의 심판의 말씀이 적히게 되고, 그 말대로 벨사살 왕이 죽은 것을 두고 생긴 말이다.

❾ 다니엘은 벨사살로부터 어떤 혜택을 받아 누리게 됩니까?(29절)

더 깊은 연구와 묵상을 위하여

우리가 인생을 성공적으로 살기 위해 필요한 것은 돈도 아니며 건물도 아니다. 그것은 바로 남을 세워 주는 사람을 만나는 것이다. 건물은 시간이 지나면 허물어지고 기계도 낡아지지만, 사람을 세워주는 리더는 만나는 사람을 성장시키고 비전을 심어준다. 또한 자신만을 위해 사는 인생은 이미 실패한 인생이지만, 다른 사람을 세워주기 위해 사는 인생은 이미 성공한 인생이다. 우리는 사람을 세워 줄 때 '이 사람을 세워주고 키우는 것이 내게 유익한가?'를 생각하면 안 된다. '이 사람을 세워주면 하나님에게 유익한가'를 생각해야 한다. 여러분이 미래를 위해 한 사람을 격려하고 세워주는 일이 지금 당장은 아무런 결과를 볼 수 없을지라도 언젠가는 반드시 위대한 결과를 낳을 것이다.

『가치혁명』, 김원태

❶ 다니엘은 위기 속에서도 여전히 존경받는 지혜자였습니다. 벨사살의 꿈을 해석해 줄 수 있는 사람은 다니엘뿐이었습니다. 세상의 지혜가 아니라 하나님의 지혜로 가득차서 당신의 인생길에 조언을 해주는 사람은 누구입니까?

❷ 벨사살은 다니엘에 대해서 '거룩한 신들의 영이 있는 사람'이라고 말합니다. 당신은 누군가의 요구에 대답할 준비가 되어 있습니까?(벧전 3:15)

적용을 위한 글

하나님은 우리를 통하여 찬양과 영광을 받으시려고 우리를 지으셨습니다 (사 43:7, 21절). 그러나 우리는 벨사살의 모습을 보면서, 하나님 보시기에 합당하지 못한 우리의 모습을 보게 됩니다. 교만은 자신을 하나님과 같은 위치로 높이는 것으로, 우리는 먼저 이러한 교만을 버려야 합니다. 또한 이스라엘의 성물을 거짓 신들에게 찬양하는 일로 사용한 것은 하나님을 모독하는 것입니다. 마지막으로 하나님보다 더 사랑하는 것은 모두 우상이므로, 이러한 우상을 버려야 합니다. 다니엘의 삶은 어느 곳에 처하든지 사람들로 하여금 영광과 찬송을 하나님께 돌리게 했습니다.

적용 및 결단을 위한 질문

❶ 왕은 꿈을 해석해주면 “자주색 옷을 입히고…셋째 통치자로 삼으리라”(16절)고 제안했습니다. 이에 대해 다니엘은 “예물은 왕이 친히 가지시고 상급은 다른 사람에게 주라”(17절)고 대답했습니다. 당신에게 있는 지혜와 재능에 대해서 어떤 대가를 바라지 않고, 하나님의 영광을 위해 사용할 수 있습니까?

❷ 거짓 신들을 만들어 찬양했던 벨사살 왕은 그러나 결국 하나님께 영광 돌리지 않은 교만에 대하여 책망받았습니다. 살아가면서 우리는 쉽게 거짓에 타협하고, 자기 자신을 합리화시킵니다. 당신이 버려야 할 교만은 어떤 것입니까?

06 우리와 함께하시는 하나님

본문 다니엘 6:1-28

외울말씀 내가 이제 조서를 내리노라 내 나라 관할 아래에 있는 사람들은 다 다니엘의 하나님 앞에서 떨며 두려워할지니 그는 살아 계시는 하나님이시요 영원히 변하지 않으실 이시며 그의 나라는 멸망하지 아니할 것이요 그의 권세는 무궁할 것이며 (26절)

1다리오가 자기의 뜻대로 고관 백이십 명을 세워 전국을 통치하게 하고 2또 그들 위에 총
리 셋을 두었으니 다니엘이 그 중의 하나이라 이는 고관들로 총리에게 자기의 직무를 보고
하게 하여 왕에게 손해가 없게 하려 함이었더라 3다니엘은 마음이 민첩하여 총리들과 고관
들 위에 뛰어나므로 왕이 그를 세워 전국을 다스리게 하고자 한지라 4이에 총리들과 고관
들이 국사에 대하여 다니엘을 고발할 근거를 찾고자 하였으나 아무 근거, 아무 허물도 찾
지 못하였으니 이는 그가 충성되어 아무 그릇됨도 없고 아무 허물도 없음이었더라 5그들
이 이르되 이 다니엘은 그 하나님의 율법에서 근거를 찾지 못하면 그를 고발할 수 없으리
라 하고 6이에 총리들과 고관들이 모여 왕에게 나아가서 그에게 말하되 다리오 왕이여 만
수무강 하옵소서 7나라의 모든 총리와 지사와 총독과 법관과 관원이 의논하고 왕에게 한
법률을 세우며 한 금령을 정하실 것을 구하나이다 왕이여 그것은 곧 이제부터 삼십일 동안
에 누구든지 왕 외의 어떤 신에게나 사람에게 무엇을 구하면 사자 굴에 던져 넣기로 한 것
이니이다 8그런즉 왕이여 원하건대 금령을 세우시고 그 조서에 왕의 도장을 찍어 메대와
바사의 고치지 아니하는 규례를 따라 그것을 다시 고치지 못하게 하옵소서 하매 9이에 다
리오 왕이 조서에 왕의 도장을 찍어 금령을 내니라 10다니엘이 이 조서에 왕의 도장이 찍
힌 것을 알고도 자기 집에 돌아가서는 윗방에 올라가 예루살렘으로 향한 창문을 열고 전
에 하던 대로 하루 세 번씩 무릎을 꿇고 기도하며 그의 하나님께 감사하였더라 11그 무리들
이 모여서 다니엘이 자기 하나님 앞에 기도하며 간구하는 것을 발견하고 12이에 그들이 나
아가서 왕의 금령에 관하여 왕께 아뢰되 왕이여 왕이 이미 금령에 왕의 도장을 찍어서 이
제부터 삼십 일 동안에는 누구든지 왕 외의 어떤 신에게나 사람에게 구하면 사자 굴에 던

져 넣기로 하지 아니하였나이까 하니 왕이 대답하여 이르되 이 일이 확실하니 메대와 바
사의 고치지 못하는 규례니라 하는지라 13그들이 왕 앞에서 말하여 이르되 왕이여 사로잡
혀 온 유다 자손 중에 다니엘이 왕과 왕의 도장이 찍힌 금령을 존중하지 아니하고 하루 세
번씩 기도하나이다 하니 14왕이 이 말을 듣고 그로 말미암아 심히 근심하여 다니엘을 구원
하려고 마음을 쓰며 그를 건져내려고 힘을 다하다가 해가 질 때에 이르렀더라 15그 무리들
이 또 모여 왕에게로 나아와서 왕께 말하되 왕이여 메대와 바사의 규례를 아시거니와 왕
께서 세우신 금령과 법도는 고치지 못할 것이니이다 하니 16이에 왕이 명령하매 다니엘
을 끌어다가 사자 굴에 던져 넣는지라 왕이 다니엘에게 이르되 네가 항상 섬기는 너의 하
나님이 너를 구원하시리라 하니라 17이에 돌을 굴려다가 굴 어귀를 막으매 왕이 그의 도장
과 귀족들의 도장으로 봉하였으니 이는 다니엘에 대한 조치를 고치지 못하게 하려 함이었
더라 18왕이 궁에 돌아가서는 밤이 새도록 금식하고 그 앞에 오락을 그치고 잠자기를 마
다하니라 19이튿날에 왕이 새벽에 일어나 급히 사자 굴로 가서 20다니엘이 든 굴에 가까
이 이르러서 슬피 소리 질러 다니엘에게 묻되 살아 계시는 하나님의 종 다니엘아 네가 항
상 섬기는 네 하나님이 사자들에게서 능히 너를 구원하셨느냐 하니라 21다니엘이 왕에게
아뢰되 왕이여 원하건대 왕은 만수무강 하옵소서 22나의 하나님이 이미 그의 천사를 보내
어 사자들의 입을 봉하셨으므로 사자들이 나를 상해하지 못하였사오니 이는 나의 무죄함
이 그 앞에 명백함이오며 또 왕이여 나는 왕에게도 해를 끼치지 아니하였나이다 하니라
23왕이 심히 기뻐서 명하여 다니엘을 굴에서 올리라 하매 그들이 다니엘을 굴에서 올린즉
그의 몸이 조금도 상하지 아니하였으니 이는 그가 자기의 하나님을 믿음이었더라 24왕이
말하여 다니엘을 참소한 사람들을 끌어오게 하고 그들을 그들의 처자들과 함께 사자 굴에
던져 넣게 하였더니 그들이 굴 바닥에 닿기도 전에 사자들이 곧 그들을 움켜서 그 뼈까지
도 부서뜨렸더라 25이에 다리오 왕이 온 땅에 있는 모든 백성과 나라들과 언어가 다른 모든
사람들에게 조서를 내려 이르되 원하건대 너희에게 큰 평강이 있을지어다 26내가 이제 조
서를 내리노라 내 나라 관할 아래에 있는 사람들은 다 다니엘의 하나님 앞에서 떨며 두려
워할지니 그는 살아 계시는 하나님이시요 영원히 변하지 않으실 이시며 그의 나라는 멸망
하지 아니할 것이요 그의 권세는 무궁할 것이며 27그는 구원도 하시며 건져내기도 하시며
하늘에서든지 땅에서든지 이적과 기사를 행하시는 이로서 다니엘을 구원하여 사자의 입에
서 벗어나게 하셨음이라 하였더라 28이 다니엘이 다리오 왕의 시대와 바사 사람 고레스 왕
의 시대에 형통하였더라

도입을 위한 글

찰스 스윈돌은 어느 여객기가 순탄한 비행을 마친 후 착륙하려는 순간 갑작스레 착륙 바퀴가 펴지지 않았던 한 사건을 우리에게 이야기해 주고 있다. 조종사는 바퀴를 내리기 위해 애쓰면서, 한편으로는 고요하리만큼 침착한 목소리로 승객들에게 현재 상황을 차근차근 설명했다. 마침내 활주로가 거품에 뒤덮임과 동시에 조종사는 승객들에게 머리를 무릎 사이에 파묻고 발목을 꽉 잡으라고 말했다. 그리고 이런 알림으로 지시를 마쳤다. "우리는 지금 최후의 하강을 시작하고 있습니다. 이 순간 저의 의무는 제네바에서 체결된 국제 항공 협약에 따라, 여러분이 만일 하나님을 믿는다면 기도를 시작해야 한다고 일러주는 것뿐입니다." 마침내 동체는 안전하게 착륙할 수 있었다.

『세속에 물들지 않는 영성』, 존 우드브리지 편저

도입을 위한 질문

❶ 다니엘은 예루살렘을 향해 무릎 꿇고 규칙적으로 기도했습니다. 당신의 기도 습관은 어떻습니까?

❷ 다니엘의 성공을 시기하는 사람들을 볼 때 영적 승리 후에 치러야 할 대가가 있음을 보게 됩니다. 당신에게도 그런 경험이 있습니까?

본문 질문

본문은 벨사살이 죽은 후, 메대 나라의 다리오 왕에 의해 메대와 페르시아로 나눠지고 총리 셋을 두었지만, 그 안에서 벌어지는 시기심과 질투에 대해서 보여줍니다. 위기 앞에서 다니엘이 하나님께 드렸던 것은 기도입니다. 기도라는 단어에 밑줄을 그으면서 읽어보십시오.

❶ 다니엘이 지금까지 섬겼던 세 왕을 정리해 보십시오.

느부갓네살-

벨사살-

다리오-

❷ 다리오가 총리 셋을 둔 이유는 무엇입니까?(2절)

* 이것은 국가의 통치 기강을 바로 세우는 것이며, 메대의 철저한 행정 조직과 엄격한 국고 관리의 일면을 보여준다.

❸ 총리들과 고관들은 다니엘에게서 무엇을 찾았습니까?(4절)

❹ 총리들과 고관들이 다리오 왕에게 제안한 것은 무엇입니까?(7절)

❺ 다니엘은 조서의 내용을 알면서도 어떻게 했습니까?(10절)

❻ 다리오 왕은 다니엘에 대한 고발을 듣고 어떤 마음이었습니까?(14절)

❼ 다리오 왕은 사자 굴에 던져 넣은 다니엘에게 어떤 말을 했습니까?(16절)

❽ 사자 굴에 있는 다니엘을 생각하며 왕은 어떻게 했습니까?(18절)

⑨ 다니엘을 참소한 사람들의 최후는 어떻게 되었습니까?(23-24절)

⑩ 다리오 왕이 다시 내린 조서의 내용은 무엇입니까?(26-27절)

* 처음에 내렸던 조서는 왕 외에 어떤 신도 구하면 안 된다는 것이다. 그러나 다시 내린 조서는 하나님만을 섬길 것을 모든 백성들에게 알린 것이다.

더 깊은 연구와 묵상을 위하여

우리나라 천연기념물 제53호인 진돗개는 그 탁월성이 세계적으로도 입증되고 있다. 이상한 것은 그처럼 뛰어난 진돗개가 군견이나 경찰견으로는 사용되지 않는다는 사실이다. 상식적으로 생각하면 진돗개의 우수성이 타의 추종을 불허하는 만큼 군견이나 경찰견으로 안성맞춤일 것 같다. 그러나 현실은 정반대다. 그 이유는 진돗개는 주인을 바꾸지 못하기 때문이라고 한다. 군대나 경찰에서는 한 사람이 평생토록 수색 및 경비용 개를 다루는 것이 아니다. 일정한 기간마다 담당자가 바뀌게 마련이다. 개의 입장에서 보면 자기 주인이 계속 바뀌는 셈이다. 그때마다 셰퍼드와 같은 다른 개들은 사흘이면 새 주인과 친해져 그의 명령을 따른다. 그러나 진돗개는 주인을 잊지 못해 새 주인을 따르지 않기에 군견이나 경찰견으로는 부적격일 수밖에 없다.

『내게 있는 것』, 이재철

❶ 다니엘은 바벨론의 포로로 잡혀 가서 세 왕을 섬겼습니다. 그때마다 다니엘은 왕에게 인정받아 최고의 자리까지 올라갔지만, 하나님을 섬기는 일에는 항상 정직했습니다. 하나님의 사람이 세상을 살 때 필요한 덕목에는 어떤 것이 있을까요?

❷ 총리들과 고관들이 다니엘의 신앙에 대해서 고발했습니다. 그럼에도 불구하고 왕의 명령보다도 하나님을 경외했던 다니엘의 믿음을 보게 됩니다. 당신은 다른 사람들이 가진 신앙의 장점을 어떻게 세워주고 있습니까?

적용을 위한 글

하나님을 믿는 사람들은 인생에 있어서 다니엘과 같이 승리한 사람이 되어야 합니다. 그러나 그 승리의 배후에는 하나님을 믿는 신앙이 있음을 잊지 말아야 하며 승리한 후에 치러야 할 대가가 있음을 기억해야 합니다. 때로는 시기와 질투, 모함이 찾아오고, 생명까지 위협받을 수 있습니다. 주님께서도 겟세마네에서 기도하신 후 십자가를 지셨습니다. 하지만 오히려 십자가를 영광의 면류관으로 바꿔 놓으셨습니다. 다리오 왕도 다니엘이 섬기는 하나님을 찬양하면서 나라가 형통해지는 복을 얻었습니다. 다니엘에 대해서 모함하는 사람들의 최후는 비참했지만, 승리 후에 있을 대가를 지불한 다니엘은 하나님을 세상에 드러내었습니다. 이것이 바로 역전인생입니다.

적용 및 결단을 위한 질문

❶ 다리오 왕의 조서에도 불구하고 늘 하나님께 기도했던 다니엘의 모습을 보면서 어떤 시련이 와도 평안을 잃지 않는 마음과 하나님을 경외하는 믿음을 배우게 됩니다. 당신의 삶 속에 찾아오는 시련에 대해서 하나님을 전적으로 신뢰하며 기도하고 있습니까?

❷ 다니엘의 신앙은 다리오 왕과 그 백성들이 하나님을 바라보게 했고, 이로써 다리오 왕의 시대와 바사 사람 고레스 왕의 시대는 형통했습니다. 한 사람의 영향력을 생각하면서 당신이 섬기는 나라와 공동체를 위해 기도하십시오.

07 최후의 승리자

| 본문 다니엘 7:1-28

| 외울말씀 나라와 권세와 온 천하 나라들의 위세가 지극히 높으신 이의 거룩한 백성에게 붙인 바 되리니 그의 나라는 영원한 나라이라 모든 권세 있는 자들이 다 그를 섬기며 복종하리라 (27절)

1바벨론 벨사살 왕 원년에 다니엘이 그의 침상에서 꿈을 꾸며 머리 속으로 환상을 받고
그 꿈을 기록하며 그 일의 대략을 진술하니라 2다니엘이 진술하여 이르되 내가 밤에 환
상을 보았는데 하늘의 네 바람이 큰 바다로 몰려 불더니 3큰 짐승 넷이 바다에서 나왔는
데 그 모양이 각각 다르더라 4첫째는 사자와 같은데 독수리의 날개가 있더니 내가 보는
중에 그날개가 뽑혔고 또 땅에서 들려서 사람처럼 두 발로 서게 함을 받았으며 또 사람
의 마음을 받았더라 또 보니 5다른 짐승 곧 둘째는 곰과 같은데 그것이 몸 한쪽을 들었고
그 입의 잇사이에는 세 갈빗대가 물렸는데 그것에게 말하는 자들이 있어 이르기를 일어
나서 많은 고기를 먹으라 하였더라 6그 후에 내가 또 본즉 다른 짐승 곧 표범과 같은 것
이 있는데 그 등에는 새의 날개 넷이 있고 그 짐승에게 또 머리 넷이 있으며 권세를 받
았더라 7내가 밤 환상 가운데에 그 다음에 본 넷째 짐승은 무섭고 놀라우며 또 매우 강하
며 또 쇠로 된 큰 이가 있어서 먹고 부서뜨리고 그 나머지를 발로 밟았으며 이 짐승은 전
의 모든 짐승과 다르고 또 열 뿔이 있더라 8내가 그 뿔을 유심히 보는 중에 다른 작은 뿔
이 그 사이에서 나더니 첫 번째 뿔 중의 셋이 그 앞에서 뿌리까지 뽑혔으며 이 작은 뿔에
는 사람의 눈 같은 눈들이 있고 또 입이 있어 큰 말을 하였더라 9내가 보니 왕좌가 놓이
고 옛적부터 항상 계신 이가 좌정하셨는데 그의 옷은 희기가 눈 같고 그의 머리털은 깨
끗한 양의 털 같고 그의 보좌는 불꽃이요 그의 바퀴는 타오르는 불이며 10불이 강처럼 흘
러 그의 앞에서 나오며 그를 섬기는 자는 천천이요 그 앞에서 모셔 선 자는 만만이며 심
판을 베푸는데 책들이 펴 놓였더라 11그때에 내가 작은 뿔이 말하는 큰 목소리로 말미암

아 주목하여 보는 사이에 짐승이 죽임을 당하고 그의 시체가 상한 바 되어 타오르는 불
에 던져졌으며 12그 남은 짐승들은 그의 권세를 빼앗겼으나 그 생명은 보존되어 정한 시
기가 이르기를 기다리게 되었더라 13내가 또 밤 환상 중에 보니 인자 같은 이가 하늘 구
름을 타고 와서 옛적부터 항상 계신 이에게 나아가 그 앞으로 인도되매 14그에게 권세와
영광과 나라를 주고 모든 백성과 나라들과 다른 언어를 말하는 모든 자들이 그를 섬기게
하였으니 그의 권세는 소멸되지 아니하는 영원한 권세요 그의 나라는 멸망하지 아니할
것이니라 15나 다니엘이 중심에 근심하며 내 머리 속의 환상이 나를 번민하게 한지라 16
내가 그 곁에 모셔 선 자들 중 하나에게 나아가서 이 모든 일의 진상을 물으매 그가 내게
말하여 그 일의 해석을 알려 주며 이르되 17그 네 큰 짐승은 세상에 일어날 네 왕이라 18
지극히 높으신 이의 성도들이 나라를 얻으리니 그 누림이 영원하고 영원하고 영원하리라
19이에 내가 넷째 짐승에 관하여 확실히 알고자 하였으니 곧 그것은 모든 짐승과 달라서
심히 무섭더라 그 이는 쇠요 그 발톱은 놋이니 먹고 부서뜨리고 나머지는 발로 밟았으며
20또 그것의 머리에는 열 뿔이 있고 그 외에 또 다른 뿔이 나오매 세 뿔이 그 앞에서 빠졌
으며 그 뿔에는 눈도 있고 큰 말을 하는 입도 있고 그 모양이 그의 동류보다 커 보이더라
21내가 본즉 이 뿔이 성도들과 더불어 싸워 그들에게 이겼더니 22옛적부터 항상 계신 이
가 와서 지극히 높으신 이의 성도들을 위하여 원한을 풀어 주셨고 때가 이르매 성도들이
나라를 얻었더라 23모신 자가 이처럼 이르되 넷째 짐승은 곧 땅의 넷째 나라인데 이는 다
른 나라들과는 달라서 온 천하를 삼키고 밟아 부서뜨릴 것이며 24그 열 뿔은 그 나라에서
일어날 열 왕이요 그 후에 또 하나가 일어나리니 그는 먼저 있던 자들과 다르고 또 세 왕
을 복종시킬 것이며 25그가 장차 지극히 높으신 이를 말로 대적하며 또 지극히 높으신 이
의 성도를 괴롭게 할 것이며 그가 또 때와 법을 고치고자 할 것이며 성도들은 그의 손에
붙인 바 되어 한 때와 두 때와 반 때를 지내리라 26그러나 심판이 시작되면 그는 권세를
빼앗기고 완전히 멸망할 것이요 27나라와 권세와 온 천하 나라들의 위세가 지극히 높으
신 이의 거룩한 백성에게 붙인 바 되리니 그의 나라는 영원한 나라이라 모든 권세 있는
자들이 다 그를 섬기며 복종하리라 28그 말이 이에 그친지라 나 다니엘은 중심에 번민하
였으며 내 얼굴빛이 변하였으나 내가 이 일을 마음에 간직하였느니라

도입을 위한 글

종려주일에서 부활절로 가는 길은 인내의 길이요, 고난의 길이다. 사실 인내(patience)라는 말은 '고통당하다'를 의미하는 뜻인 'patior'라는 고어에서 왔다. 인내를 배운다는 것은 어떤 고생에도 저항하지 않는다는 것이다. '호산나'로 자신의 고통을 계속 감추려 하다가는 결국 인내를 잃을 위험이 크다. 쉬운 길은 얄팍하다. 그 얄팍함이 다 닳아 버리면 우리는 원한과 냉소를 품거나 공격을 하기 쉽다. 반대로 그리스도는 우리에게 늘 많은 고통과 손잡게 하시고 바로 거기서 희망과 새 생명의 시작을 맛보라고 명하신다. 아픔과 고통과 상처의 한복판, 바로 우리 삶의 현장에서 말이다.

『춤추시는 하나님』, 헨리 나우웬

도입을 위한 질문

❶ 당신은 주님의 오심을 간절히 기다리고 있습니까?

❷ 당신은 신앙인으로 살아가면서 만나는 불의와 거짓 때문에 힘들었던 적이 있습니까?

본문 질문

❶ 다니엘이 본 네 짐승에 대해서 정리해보십시오(4-8절).

* 사자는 바벨론, 곰은 메데와 페르시아 제국, 표범은 그리스 제국, 용처럼 생긴 넷째 짐승은 로마 제국을 가리키는 것으로 본다.

❷ 넷째 짐승은 어떻게 달랐습니까?(7-8절)

❸ 옛적부터 항상 계신 이는 어떤 모습이었습니까?(9-10절)

❹ 하늘 구름을 타고 오시는 분은 누구입니까?(13절)

❺ 네 마리의 큰 짐승은 무엇을 의미합니까?(17절)

❻ 지극히 높으신 이의 성도들은 어떤 은혜를 누립니까?(18절)

❼ 옛적부터 항상 계신 이가 와서 성도들에게 어떻게 했습니까?(22절)

❽ 열 뿔의 의미는 무엇입니까?(24절)

❾ 넷째 짐승의 최후는 어떻게 됩니까?(26절)

❿ 지극히 높으신 이의 나라와 권세는 어떻게 됩니까?(27절)

⓫ 환상을 설명하는 다니엘의 마음은 어떻습니까?(28절)

더 깊은 연구와 묵상을 위하여

죽음을 앞둔 62세의 무디는 "어느 날 당신들은 무디가 죽었다는 신문 기사를 보게 될 것이오. 한 마디도 믿지 마시오. 그 순간 나는 지금보다 더 생동할 것이오"라고 말했다. 4개월 후 무디는 죽어가며 이렇게 말했다. "이 땅은 물러가고 천국이 내 앞에 열린다… 이것이 죽음이라면 죽음은 달콤하다. 하나님이 나를 부르시니 가야 한다. 나를 붙잡지 말라… 아픔도 없고 골짜기도 없고 그저 기쁨뿐이다." 인생의 목표를 성취했다면 죽을 때 약간 위안이 될 것이다. 그러나 하나님의 부르심에 순종하며 산 것보다 더 큰 만족이 있을까? 하나님과의 관계를 가꾸는 일에 삶을 투자했다면, 두려움없이 죽음을 맞을 것이다. 그리스도께 순종했기에 나를 반기는 천국과 보상이 기다리고 있음을 아는 것이야말로 그리스도인들은 물론 리더들에게 가장 값진 보상이다.

『영적리더십』, 헨리 블랙커비

❶ 하나님은 온 우주의 통치자이십니다. 다니엘이 본 환상대로, 결국 하나님이 심판자로 오셔서 성도들을 괴롭히는 모든 것을 해결해 주실 것입니다. 비록 지금은 어려울지라도 마지막 때에 하나님은 심판을 통해 깨끗하게 가려주십니다. 신앙인은 장차 임할 하나님의 심판을 생각하며 항상 깨어 있어야 합니다. 당신은 지금 깨어 있습니까?

❷ 마지막 때에 주님은 이 세상에 오셔서 빼앗긴 성도의 권세를 회복시켜 주실 것입니다. 믿는 성도로서 지금 회복되어야 할 권세는 무엇입니까? 혹시 권세 대신 권력을 쫓아가고 있지는 않습니까?

* 존 칼빈은 '권세'는 힘의 방향을 다른 사람 중심으로 사용하여 섬기고 베푸는 것이라고 했고, '권력'은 힘의 방향을 나 중심으로 집중되게 하는 것이라고 했다.

적용을 위한 글

인간의 한계는 오늘만 바라볼 수 있다는 것입니다. 그러나 신앙이 있는 사람은 내일을 보며 살아갑니다. 오늘만 바라보는 사람은 하나님의 약속이 없습니다. 따라서 인내해야 할 이유도 없습니다. 그러나 내일을 품고 살아가는 사람은 살아가야 할 이유를 가지고 살아갑니다. 우리는 살아가면서 넷째 짐승처럼 우리를 위협하는 환난을 만나게 됩니다. 그러나 하나님은 그들을 멸하시고, 하나님의 권세를 드러내십니다. 그렇기에 성도의 삶은 죽은 것 같지만 살아 있고, 무능한 것 같지만 능력 속에 살아가며, 실패한 것 같지만 이미 승리한 싸움을 싸우는 것입니다. 믿음의 눈으로 내일을 바라보고, 신랑되신 예수 그리스도를 만날 날을 사모합시다. 최종적인 승리는 하나님께 있습니다. 하나님을 믿고 따르는 성도에게는 하나님의 영원한 나라가 예비되어 있습니다.

적용 및 결단을 위한 질문

❶ 오늘날 많은 사람들은 신앙을 행복을 누리는 도구로 사용합니다. 그러나 '구름을 타고 오신 인자 같은 이', 곧 예수님을 만나는 날을 사모해야 합니다. 당신은 주님을 만나는 날에 대한 기대가 있습니까?

❷ 넷째 짐승의 모습은 그 권력과 힘이 굉장히 막강하며 두려운 존재로 나타납니다. 그러나 그것은 결코 영원하지 않습니다. 우리는 예수 그리스도께서 다 이겨 놓은 싸움을 싸우고 있을 뿐입니다. 따라서 오늘 만나는 고난도 잠시 잠깐뿐이라는 사실을 기억하십시오. 주변에 힘들어 하는 사람들이 있습니까? 지금 그들을 위해 기도하고 찾아가 이 기쁜 소식을 전하십시오.

08 마지막 날

본문 다니엘 8:1-27

외울말씀 이미 말한 바 주야에 대한 환상은 확실하니 너는 그 환상을 간직하라 이는 여러 날 후의 일임이라 하더라 (26절)

1나 다니엘에게 처음에 나타난 환상 후 벨사살 왕 제삼년에 다시 한 환상이 나타나니라 2
내가 환상을 보았는데 내가 그것을 볼 때에 내 몸은 엘람 지방 수산 성에 있었고 내가 환
상을 보기는 을래 강변에서이니라 3내가 눈을 들어 본즉 강 가에 두 뿔 가진 숫양이 섰는
데 그 두 뿔이 다 길었으며 그 중 한 뿔은 다른 뿔보다 길었고 그 긴 것은 나중에 난 것
이더라 4내가 본즉 그 숫양이 서쪽과 북쪽과 남쪽을 향하여 받으나 그것을 당할 짐승이
하나도 없고 그 손에서 구할 자가 없으므로 그것이 원하는 대로 행하고 강하여졌더라 5
내가 생각할 때에 한 숫염소가 서쪽에서부터 와서 온 지면에 두루 다니되 땅에 닿지 아
니하며 그 염소의 두 눈 사이에는 현저한 뿔이 있더라 6그것이 두 뿔 가진 숫양 곧 내가
본 바 강 가에 섰던 양에게로 나아가되 분노한 힘으로 그것에게로 달려가더니 7내가 본
즉 그것이 숫양에게로 가까이 나아가서는 더욱 성내어 그 숫양을 쳐서 그 두 뿔을 꺾으
나 숫양에게는 그것을 대적할 힘이 없으므로 그것이 숫양을 땅에 엎드러뜨리고 짓밟았
으나 숫양을 그 손에서 벗어나게 할 자가 없었더라 8숫염소가 스스로 심히 강대하여 가
더니 강성할 때에 그 큰 뿔이 꺾이고 그 대신에 현저한 뿔 넷이 하늘 사방을 향하여 났더
라 9그 중 한 뿔에서 또 작은 뿔 하나가 나서 남쪽과 동쪽과 또 영화로운 땅을 향하여 심
히 커지더니 10그것이 하늘 군대에 미칠 만큼 커져서 그 군대와 별들 중의 몇을 땅에 떨
어뜨리고 그것들을 짓밟고 11또 스스로 높아져서 군대의 주재를 대적하며 그에게 매일 드
리는 제사를 없애 버렸고 그의 성소를 헐었으며 12그의 악으로 말미암아 백성이 매일 드
리는 제사가 넘긴 바 되었고 그것이 또 진리를 땅에 던지며 자의로 행하여 형통하였더라
13내가 들은즉 한 거룩한 이가 말하더니 다른 거룩한 이가 그 말하는 이에게 묻되 환상에

나타난 바 매일 드리는 제사와 망하게 하는 죄악에 대한 일과 성소와 백성이 내준 바 되
며 짓밟힐 일이 어느 때까지 이를꼬 하매 [14]그가 내게 이르되 이천삼백 주야까지니 그때
에 성소가 정결하게 되리라 하였느니라 [15]나 다니엘이 이 환상을 보고 그 뜻을 알고자 할
때에 사람 모양 같은 것이 내 앞에 섰고 [16]내가 들은즉 을래 강 두 언덕 사이에서 사람의
목소리가 있어 외쳐 이르되 가브리엘아 이 환상을 이 사람에게 깨닫게 하라 하더니 [17]그
가 내가 선 곳으로 나왔는데 그가 나올 때에 내가 두려워서 얼굴을 땅에 대고 엎드리매
그가 내게 이르되 인자야 깨달아 알라 이 환상은 정한 때 끝에 관한 것이니라 [18]그가 내
게 말할 때에 내가 얼굴을 땅에 대고 엎드리어 깊이 잠들매 그가 나를 어루만져서 일으
켜 세우며 [19]이르되 진노하시는 때가 마친 후에 될 일을 내가 네게 알게 하리니 이 환상
은 정한 때 끝에 관한 것임이라 [20]네가 본 바 두 뿔 가진 숫양은 곧 메대와 바사 왕들이요
[21]털이 많은 숫염소는 곧 헬라 왕이요 그의 두 눈 사이에 있는 큰 뿔은 곧 그 첫째 왕이요
[22]이 뿔이 꺾이고 그 대신에 네 뿔이 났은즉 그 나라 가운데에서 네 나라가 일어나되 그
의 권세만 못하리라 [23]이 네 나라 마지막 때에 반역자들이 가득할 즈음에 한 왕이 일어나
리니 그 얼굴은 뻔뻔하며 속임수에 능하며 [24]그 권세가 강할 것이나 자기의 힘으로 말미
암은 것이 아니며 그가 장차 놀랍게 파괴 행위를 하고 자의로 행하여 형통하며 강한 자
들과 거룩한 백성을 멸하리라 [25]그가 꾀를 베풀어 제 손으로 속임수를 행하고 마음에 스
스로 큰 체하며 또 평화로운 때에 많은 무리를 멸하며 또 스스로 서서 만왕의 왕을 대적
할 것이나 그가 사람의 손으로 말미암지 아니하고 깨지리라 [26]이미 말한 바 주야에 대한
환상은 확실하니 너는 그 환상을 간직하라 이는 여러 날 후의 일임이라 하더라 [27]이에 나
다니엘이 지쳐서 여러 날 앓다가 일어나서 왕의 일을 보았느니라 내가 그 환상으로 말미
암아 놀랐고 그 뜻을 깨닫는 사람도 없었느니라

도입을 위한 글

진실로 하나님은 크고 전지전능하십니다. 우주를 만들고 다스리시는 주권자이시기 때문입니다. 그런데 인간이 죄 많은 본성으로 하나님을 왜소하게 만들고, 하나님의 힘을 좌지우지하려 하며 제 맘대로 생각하고 결정해 하나님을 인간의 입맛에 맞추려 하고 있습니다. 이렇게 하는 것도 은혜라고 하면서 말입니다. 토마스 아 켐피스가 "인간은 도모하나 하나님께서 끝맺으신다"고 한 말이 이를 정확히 설명합니다. 창조를 통해 드러난 하나님의 놀라우신 능력을 보면서, 우리는 하나님께서 우주를 유지하실 능력이 있다는 것을 확인하게 됩니다.

『영적 성숙』, 러더 위트랍

도입을 위한 질문

❶ 삶 속에서 하나님이 역사의 주관자이시고, 통치자이심을 경험하고 있습니까?

❷ 환상(vision) 즉, '이상'은 '나타나다, 보다'라는 의미입니다. 하나님이 당신에게 보여주시는 이상이 있습니까? 구체적으로 나눠보십시오.

본문 질문

본문을 통해 하나님께서 바사 제국과 헬라 제국을 어떻게 다루시는지 살펴보십시오.

❶ 다니엘은 환상을 볼 때 어디에 있었습니까?(2절)

❷ 다니엘이 본 숫양의 힘은 어느 정도였습니까?(4절)

❸ 숫염소는 숫양을 어떻게 했습니까?(6-7절)

❹ 숫염소는 결국 몇 개의 뿔로 나눠졌습니까?(8절)

❺ 하늘 군대에 미칠 만큼 힘이 세진 한 뿔이 행한 악은 무엇입니까?(11-13절)

❻ 다니엘이 본 환상은 무엇에 관한 것입니까?(17-19절)

❼ 다니엘이 본 환상을 정리하고 의미를 써 보십시오.

두 뿔 가진 숫양(20절)-

털이 많은 숫염소(21절)-

털 많은 숫염소의 두 눈 사이에 있는 큰 뿔(21절)-

그 뿔이 꺾이고 그 자리에서 생긴 네 뿔(22절)-

❽ '네 나라 마지막 때에 반역자들이 가득할 즈음에' 나타난 한 왕의 특징은 무엇입니까?(23-25절)

❾ 다니엘에게 여러 날 후에 일어날 환상을 어떻게 대하라고 합니까?(26절)

⑩ 다니엘은 환상을 보고 어떻게 되었습니까?(27절)

더 깊은 연구와 묵상을 위하여

> 기다림은 일종의 기도의 외적 행동이다. 기다림이란 아주 현저한 믿음의 진수를 볼 때까지 더 자주 요구되며 존중되는 것이다. 곧 인내와 꾸준함과 신뢰와 기대, 즉 우리가 하나님께서 주시기를 끊임없이 애원하고 있는 모든 특성을 요구하지 않는가? 나는 주님께서, 내가 비록 문제의 해답을 알고 있다고 생각할지라도 나에게 아무 말 없이 잠자코 기다리라고 말씀하신 적이 있음을 기억한다. 이 더 작은 범위 내에서도 나는 하나님의 때와 다른 사람의 마음 속에서의 그분의 행동을 기다려야만 했다. 그것은 평정을 이룬 기다림 가운데 있었던 깜짝 놀랄 만한 경험이었다.
>
> 『기도에의 모험』, 캐더린 마샬

❶ 하나님은 하나님을 모독하고, 성전을 짓밟는 상황이 된다고 해도 침묵하시지만, 마지막에는 반드시 회복시켜주십니다. 고난이 영원한 것 같지만, 잠시 잠깐 하나님의 시간 속에 내버려둘 뿐, 때가 되면 모든 영광을 되찾아 주십니다. 당신은 응답이 더디다는 이유로 지금 하나님께 원망의 마음을 갖고 있지는 않습니까?

❷ 하나님은 '알파–처음'와 '오메가–나중'이십니다. 곧 모든 것은 하나님으로부터 시작되었고 끝이 납니다. 당신은 하나님이 정하신 끝날에 대한 두려움과 떨림이 있습니까? 마지막 날을 승리의 역사로 바꾸실 주님을 어떤 마음으로 기다리고 있습니까?

적용을 위한 글

하나님이 없는 세상은 소망이 없으며, 영원한 것 같지만 쉽게 무너집니다. 오늘 말씀을 통해 영원한 것은 오직 하나님밖에 없다는 사실을 깨닫게 됩니다. 또한 자기 앞에 거룩한 자가 나타났을 때 땅에 얼굴을 대고 엎드린 다니엘의 모습을 보며 거룩하신 하나님 앞에 엎드릴 때 행복하다는 사실을 발견할 수 있습니다. 그러나 여전히 하나님의 세계를 이해하지 못하고 자기 교만과 아집으로 살아가는 왕들의 모습도 나옵니다. 그들은 세상의 모든 것을 손에 쥐었다고 생각하지만 그것조차도 쉽게 무너집니다. 우리는 세상의 힘을 두려워하는 것이 아니라 하나님을 두려워하며 하나님의 정한 때가 있음을 기억해야 합니다. 하나님의 손 안에 있어야 최후 승리를 얻을 수 있기 때문입니다. 예수 그리스도의 터 위에 내 인생을 건축할 때 무너지지 않으며 견고하게 세워집니다.

적용 및 결단을 위한 질문

❶ 숫염소인 헬라제국은 숫양인 바사제국을 멸망시킵니다. 결국 한 왕이 사망하자 넷으로 나뉘집니다. 네 왕 중 안디오쿠스 에피파네스 4세는 B.C. 168년에 이교 숭배를 목적으로 예루살렘 성전을 빼앗습니다. 이러한 역사적 상황을 보면서도 하나님의 신실하심을 믿고 사는 것이 신앙입니다. 당신은 하나님의 약속을 믿고 있습니까? 지금 보이지 않는다고 포기하지는 않았습니까?

❷ 본문 말씀을 보면 하나님의 성전을 회복하고 예배할 수 있으려면, 이천삼백 주야까지 참아야 합니다. 우리가 드리고 있는 예배와 교회는 하나님의 보호하심과 사랑하심 때문에 지켜지고 있습니다. 당신은 지금 섬기고 있는 교회와 예배를 얼마나 사모하고 있습니까? 주님을 날마다 만나는 감격이 있습니까?

09 긍휼을 베푸시는 하나님

본문 다니엘 9:1-27

외울말씀 네 백성과 네 거룩한 성을 위하여 일흔 이레를 기한으로 정하였나니 허물이 그치며 죄가 끝나며 죄악이 용서되며 영원한 의가 드러나며 환상과 예언이 응하며 또 지극히 거룩한 이가 기름 부음을 받으리라 (24절)

1메대 족속 아하수에로의 아들 다리오가 갈대아 나라 왕으로 세움을 받던 첫 해 2곧 그 통치
원년에 나 다니엘이 책을 통해 여호와께서 말씀으로 선지자 예레미야에게 알려 주신 그 연
수를 깨달았나니 곧 예루살렘의 황폐함이 칠십 년만에 그치리라 하신 것이니라 3내가 금식
하며 베옷을 입고 재를 덮어쓰고 주 하나님께 기도하며 간구하기를 결심하고 4내 하나님 여
호와께 기도하며 자복하여 이르기를 크시고 두려워할 주 하나님, 주를 사랑하고 주의 계명
을 지키는 자를 위하여 언약을 지키시고 그에게 인자를 베푸시는 이시여 5우리는 이미 범죄
하여 패역하며 행악하며 반역하여 주의 법도와 규례를 떠났사오며 6우리가 또 주의 종 선지
자들이 주의 이름으로 우리의 왕들과 우리의 고관과 조상들과 온 국민에게 말씀한 것을 듣
지 아니하였나이다 7주여 공의는 주께로 돌아가고 수치는 우리 얼굴로 돌아옴이 오늘과 같
아서 유다 사람들과 예루살렘 거민들과 이스라엘이 가까운 곳에 있는 자들이나 먼 곳에 있
는 자들이 다 주께서 쫓아내신 각국에서 수치를 당하였사오니 이는 그들이 주께 죄를 범하였
음이니이다 8주여 수치가 우리에게 돌아오고 우리의 왕들과 우리의 고관과 조상들에게 돌아
온 것은 우리가 주께 범죄하였음이니이다 마는 9주 우리 하나님께는 긍휼과 용서하심이 있
사오니 이는 우리가 주께 패역하였음이오며 10우리 하나님 여호와의 목소리를 듣지 아니하
며 여호와께서 그의 종 선지자들에게 부탁하여 우리 앞에 세우신 율법을 행하지 아니하였
음이니이다 11온 이스라엘이 주의 율법을 범하고 치우쳐 가서 주의 목소리를 듣지 아니하였
으므로 이 저주가 우리에게 내렸으되 곧 하나님의 종 모세의 율법에 기록된 맹세대로 되었
사오니 이는 우리가 주께 범죄하였음이니이다 12주께서 큰 재앙을 우리에게 내리사 우리와
및 우리를 재판하던 재판관을 쳐서 하신 말씀을 이루셨사오니 온 천하에 예루살렘에서 일어

난 일 같은 것이 없나이다 13모세의 율법에 기록된 대로 이 모든 재앙이 이미 우리에게 내렸
사오나 우리는 우리의 죄악을 떠나고 주의 진리를 깨달아 우리 하나님 여호와의 얼굴을 기
쁘게 하지 아니하였나이다 14그러므로 여호와께서 이 재앙을 간직하여 두셨다가 우리에게
내리게 하셨사오니 우리의 하나님 여호와께서 행하시는 모든 일이 공의로우시나 우리가 그
목소리를 듣지 아니하였음이니이다 15강한 손으로 주의 백성을 애굽 땅에서 인도하여 내시
고 오늘과 같이 명성을 얻으신 우리 주 하나님이여 우리는 범죄하였고 악을 행하였나이다
16주여 구하옵나니 주는 주의 공의를 따라 주의 분노를 주의 성 예루살렘, 주의 거룩한 산에
서 떠나게 하옵소서 이는 우리의 죄와 우리 조상들의 죄악으로 말미암아 예루살렘과 주의 백
성이 사면에 있는 자들에게 수치를 당함이니이다 17그러하온즉 우리 하나님이여 지금 주의 종
의 기도와 간구를 들으시고 주를 위하여 주의 얼굴 빛을 주의 황폐한 성소에 비추시옵소서 18
나의 하나님이여 귀를 기울여 들으시며 눈을 떠서 우리의 황폐한 상황과 주의 이름으로 일컫
는 성을 보옵소서 우리가 주 앞에 간구하옵는 것은 우리의 공의를 의지하여 하는 것이 아니요
주의 큰 긍휼을 의지하여 함이니이다 19주여 들으소서 주여 용서하소서 주여 귀를 기울이시고
행하소서 지체하지 마옵소서 나의 하나님이여 주 자신을 위하여 하시옵소서 이는 주의 성과
주의 백성이 주의 이름으로 일컫는 바 됨이니이다 20내가 이같이 말하여 기도하며 내 죄와 내
백성 이스라엘의 죄를 자복하고 내 하나님의 거룩한 산을 위하여 내 하나님 여호와 앞에 간구
할 때 21곧 내가 기도할 때에 이전에 환상 중에 본 그 사람 가브리엘이 빨리 날아서 저녁 제사
를 드릴 때 즈음에 내게 이르더니 22내게 가르치며 내게 말하여 이르되 다니엘아 내가 이제 네
게 지혜와 총명을 주려고 왔느니라 23곧 네가 기도를 시작할 즈음에 명령이 내렸으므로 이제
네게 알리러 왔느니라 너는 크게 은총을 입은 자라 그런즉 너는 이 일을 생각하고 그 환상을
깨달을지니라 24네 백성과 네 거룩한 성을 위하여 일흔 이레를 기한으로 정하였나니 허물이
그치며 죄가 끝나며 죄악이 용서되며 영원한 의가 드러나며 환상과 예언이 응하며 또 지극히
거룩한 이가 기름 부음을 받으리라 25그러므로 너는 깨달아 알지니라 예루살렘을 중건하라는
영이 날 때부터 기름 부음을 받은 자 곧 왕이 일어나기까지 일곱 이레와 예순두 이레가 지날
것이요 그 곤란한 동안에 성이 중건되어 광장과 거리가 세워질 것이며 26예순두 이레 후에 기
름 부음을 받은 자가 끊어져 없어질 것이며 장차 한 왕의 백성이 와서 그 성읍과 성소를 무너
뜨리려니와 그의 마지막은 홍수에 휩쓸림 같을 것이며 또 끝까지 전쟁이 있으리니 황폐할 것
이 작정되었느니라 27그가 장차 많은 사람들과 더불어 한 이레 동안의 언약을 굳게 맺고 그가
그 이레의 절반에 제사와 예물을 금지할 것이며 또 포악하여 가증한 것이 날개를 의지하여 설
것이며 또 이미 정한 종말까지 진노가 황폐하게 하는 자에게 쏟아지리라 하였느니라 하니라

도입을 위한 글

고난은 사라지지 않습니다. 고난의 의미를 깨닫고 순종하면, 고난이 변하여 축복이 됩니다. 고난 중에서 하나님의 섭리를 깨닫고 고난의 의미(meaning)를 터득했기 때문에 고난이 승화하여 축복이 된다는 말입니다. 그렇게 해주시는 분이 바로 '구속자'이십니다. 고통을 풀어주시는 분, 이 고난을 통해 고난의 뜻을 알게 해주시는 분이 바로 메시야 예수이십니다. 고난은 여기에서 의미를 가집니다. 즉, 세상의 소외감과 고난과 탄식 속에서 메시야 구속자를 바라보는 것, 이것이 바로 고난이 가지는 의미입니다.

『고난을 이기는 열두 달』, 김진홍

도입을 위한 질문

❶ 본문을 통해서 다니엘이 얼마나 하나님을 사랑하고 이스라엘을 사모했는지 엿볼 수 있습니다. 당신은 나라를 생각하며 기도와 금식을 하고 있습니까?

❷ 어려움을 다 넘기고 난 후, 그 어려움도 하나님의 계획 안에 있던 시간이었음을 고백한 체험이 있습니까?

본문 질문

❶ 다니엘은 책을 통해 누구의 예언을 깨달았습니까?(2절)

❷ 다니엘은 어떤 마음으로 금식과 기도를 했습니까?(3-4절)

❸ 다니엘이 회개한 죄악은 무엇입니까?(5-6절)

❹ 모든 백성들이 수치를 당한 이유는 무엇입니까?(7-8절)

❺ 다니엘은 범죄함으로 인해 받게 될 저주가 어디에 기록되어 있다고 말합니까?(11절)

❻ 다니엘은 주의 분노가 어떻게 되기를 간구했습니까?(16절)

❼ 다니엘은 주의 얼굴 빛이 어디에 비추시길 기도했습니까?(17절)

❽ 다니엘은 무엇에 의지해 기도한다고 고백합니까?(18절)

❾ 가브리엘은 다니엘에게 무엇을 주려고 나타났습니까?(22절)

❿ 가브리엘은 일곱 이레와 예순 두 이레 후에 어떤 일이 일어난다고 말했습니까?(25-27절)

더 깊은 연구와 묵상을 위하여

1907년 1월 7일, 오랫동안 기도하며 기다리던 한 부흥회가 열리고 있었다. 이것이 비로 그 유명한 1907년 평양 장대현교회의 부흥회였다. 선교사들은 이 집회를 위해서 매일 2시간 이상씩 4개월간이나 기도했다. 그때 이 교회의 유력한 장로인 길선주 씨가 일어나서 자신의 죄를 고백했다. 모인 사람들 모두가 깜짝 놀랐다. "나는 아간과 같은 자입니다. 나 때문에 하나님께서는 이 집회에 은혜를 베푸실 수가 없었습니다. 약 1년 전에 내 친구 중 한 사람이 임종을 하면서 내게 부탁했습니다. '길 장로, 내가 세상을 뜨거든 내 집 살림을 돌보아 주시오. 내 아내가 너무나 세상을 모르니 당신만 믿겠소.' 나는 잘 돌보아 줄테니 염려말라고 약속을 했습니다. 그러나 나는 그 친구가 세상을 떠난 뒤 미망인의 재산을 관리해 주면서 미화 백 불 상당의 돈을 사취했습니다. 내일 아침에 그 돈을 전액 미망인에게 돌려드리겠습니다." 자기 죄를 고백하는 길 장로의 눈에서는 눈물이 하염없이 흘러내리고 있었다.

『깊은 기도를 경험하라』, 김남준

❶ 다니엘은 이스라엘의 죄악을 자신의 죄악으로 연결했으며, 또한 그 잘못을 해결해 주실 하나님께 기도와 금식으로 나아갔습니다. 하나님을 원망하지 않고, 자신의 의지가 아니라 하나님의 긍휼로 해결받기를 원한 것입니다. 당신의 삶에 있어서 다른 사람을 탓하거나 환경과 여건을 원망하며 살아가는 부분이 있지는 않습니까?

❷ 다니엘이 기도를 시작할 즈음에 하나님께서는 이미 응답을 내리셨습니다. 이에 대해 가브리엘은 다니엘에게 '크게 은총을 입은 자'라 칭하며, 하나님의 응답을 전달했습니다. 당신이 계속해서 기도하고 있는 내용들은 무엇입니까? 하나님의 긍휼을 바라며 자신의 변화를 위해 기도하고 있습니까?

적용을 위한 글

다니엘은 민족의 죄악을 자신의 죄악으로 연결한 참 신앙인입니다. 누구를 탓하기보다 오로지 자신의 죄악된 면만을 정직하게 하나님께 고백했습니다. 그 결과 하나님은 이미 기도의 시작부터 그를 지켜보고 계셨으며 응답해 주심을 알려주셨습니다. 성실하신 하나님은 정직한 사람을 들어 사용하시며, 그에게 하나님의 얼굴 빛을 드러내십니다. 또한 자기를 찾는 자를 사랑하시며, 긍휼을 베풀어 주십니다. 전적인 우리의 공로가 아니라 하나님이 불쌍히 여겨주시기 때문에 우리는 하나님의 약속을 바라며 기도합니다. 모든 것의 목적이 나의 유익이 아니라 민족과 하나님의 영광이 세상 가운데 이루어지길 바라는 것입니다. 우리는 예순 두 이레 후에 일어날 '회복'에 대해서 믿고, 신앙의 경주를 계속 해야 합니다. 우리가 걷는 것은 하나님께서 하신 회복의 약속 때문입니다.

적용 및 결단을 위한 질문

❶ 다니엘의 기도를 통해 기도할 수 있는 근거나 목적이 인간에게 있지 않음을 배울 수 있습니다(18절). 신앙생활을 하다기 때로는 나의 의 때문에 걸림돌이 될 때가 있습니다. 하나님의 전적인 은혜 때문에 모든 일이 가능했음을 고백해야 합니다. 당신이 버려야 할 '자기 의'에는 어떤 것이 있습니까?

❷ 다니엘의 기도는 자신과 민족의 죄에 대해 매우 구체적입니다. 그 내용은 하나님 앞에서 지었던 범죄, 패역, 행악, 반역, 불순종 등입니다. 또한 지금 당하고 있는 고통에 대해서 원망하는 것이 아니라 당연한 결과라고 고백합니다. 당신이 하나님께 간절히 매달려야 할 회개의 기도제목은 무엇인지 고백해보십시오.

10 애통하는 마음으로 하는 기도

| 본문 다니엘 10:1-21

| 외울말씀 한 손이 있어 나를 어루만지기로 내가 떨었더니 그가 내 무릎과 손바닥이 땅에 닿게 일으키고 (10절)

1바사 왕 고레스 제삼년에 한 일이 벨드사살이라 이름한 다니엘에게 나타났는데 그 일
이 참되니 곧 큰 전쟁에 관한 것이라 다니엘이 그 일을 분명히 알았고 그 환상을 깨달으
니라 2그때에 나 다니엘이 세 이레 동안을 슬퍼하며 3세 이레가 차기까지 좋은 떡을 먹
지 아니하며 고기와 포도주를 입에 대지 아니하며 또 기름을 바르지 아니하니라 4첫째
달 이십사일에 내가 힛데겔이라 하는 큰 강 가에 있었는데 5그때에 내가 눈을 들어 바라
본즉 한 사람이 세마포 옷을 입었고 허리에는 우바스 순금 띠를 띠었더라 6또 그의 몸은
황옥 같고 그의 얼굴은 번갯빛 같고 그의 눈은 횃불 같고 그의 팔과 발은 빛난 놋과 같
고 그의 말소리는 무리의 소리와 같더라 7이 환상을 나 다니엘이 홀로 보았고 나와 함께
한 사람들은 이 환상은 보지 못하였어도 그들이 크게 떨며 도망하여 숨었느니라 8그러므
로 나만 홀로 있어서 이 큰 환상을 볼 때에 내 몸에 힘이 빠졌고 나의 아름다운 빛이 변
하여 썩은 듯하였고 나의 힘이 다 없어졌으나 9내가 그의 음성을 들었는데 그의 음성을
들을 때에 내가 얼굴을 땅에 대고 깊이 잠들었느니라 10한 손이 있어 나를 어루만지기로
내가 떨었더니 그가 내 무릎과 손바닥이 땅에 닿게 일으키고 11내게 이르되 큰 은총을 받
은 사람 다니엘아 내가 네게 이르는 말을 깨닫고 일어서라 내가 네게 보내심을 받았느니
라 하더라 그가 내게 이 말을 한 후에 내가 떨며 일어서니 12그가 내게 이르되 다니엘아
두려워하지 말라 네가 깨달으려 하여 네 하나님 앞에 스스로 겸비하게 하기로 결심하던
첫날부터 네 말이 응답 받았으므로 내가 네 말로 말미암아 왔느니라 13그런데 바사 왕국
의 군주가 이십일 일 동안 나를 막았으므로 내가 거기 바사 왕국의 왕들과 함께 머물러
있더니 가장 높은 군주 중 하나인 미가엘이 와서 나를 도와 주므로 14이제 내가 마지막

날에 네 백성이 당할 일을 네게 깨닫게 하려 왔노라 이는 이 환상이 오랜 후의 일임이라
하더라 [15]그가 이런 말로 내게 이를 때에 내가 곧 얼굴을 땅에 향하고 말문이 막혔더니
[16]인자와 같은 이가 있어 내 입술을 만진지라 내가 곧 입을 열어 내 앞에 서 있는 자에게
말하여 이르되 내 주여 이 환상으로 말미암아 근심이 내게 더하므로 내가 힘이 없어졌나
이다 [17]내 몸에 힘이 없어졌고 호흡이 남지 아니하였사오니 내 주의 이 종이 어찌 능히
내 주와 더불어 말씀할 수 있으리이까 하니 [18]또 사람의 모양 같은 것 하나가 나를 만지
며 나를 강건하게 하여 [19]이르되 큰 은총을 받은 사람이여 두려워하지 말라 평안하라 강
건하라 강건하라 그가 이같이 내게 말하매 내가 곧 힘이 나서 이르되 내 주께서 나를 강
건하게 하셨사오니 말씀하옵소서 [20]그가 이르되 내가 어찌하여 네게 왔는지 네가 아느냐
이제 내가 돌아가서 바사 군주와 싸우려니와 내가 나간 후에는 헬라의 군주가 이를 것이
라 [21]오직 내가 먼저 진리의 글에 기록된 것으로 네게 보이리라 나를 도와서 그들을 대항
할 자는 너희의 군주 미가엘뿐이니라

도입을 위한 글

하나님을 경외하는 마음은 우리에게 두 가지 의미가 있다. 첫째는 죄에 대한 하나님의 태도, 말하자면 죄를 미워하시는 하나님의 태도를 우리도 동일하게 지니고 있어야 하는 것이고, 둘째로는 하나님의 거룩하심과 하나님의 권능, 인간의 부족함을 온전히 채워주시는 하나님의 충만하심을 깊이 깨닫고 그분에 대한 경외감을 갖는 것이다. 하나님께서 말씀하셨기 때문에 하나님께 순종하는 것도 매우 중요하지만 더욱 중요한 것은 그분이 바로 하나님 되시기 때문에 순종한다는 점이다.

『하나님을 경외하는 마음』, 조이 도우슨

도입을 위한 질문

❶ 당신은 언제 하나님에 대해 두렵고 떨리는 마음을 경험했습니까?

❷ 당신이 지금 붙잡고 있는 하나님의 약속은 어떤 것입니까?

본문 질문

본문은 다니엘이 보았던 마지막 환상에 대해 언급합니다(고레스 왕 제3년). 환상의 의미를 깨닫기 위해 다니엘은 세 이레 동안 금식한 후, 힛데겔 강가로 나갔습니다. 본문은 그곳에서 다니엘이 한 사람을 만나 듣게 된 환상에 대한 이야기입니다.

❶ 다니엘이 보았던 환상의 내용은 어떤 것입니까?(1절)

❷ 다니엘은 환상에 대해 깨달았을 때 어떠했습니까?(2-3절)

❸ 다니엘이 힛데겔이라는 큰 강가에서 본 사람의 모습은 어떻습니까?(5-6절)

❹ 다니엘은 환상을 보고 어떻게 되었습니까?(8절)

❺ 다니엘은 음성을 들었을 때 어떻게 되었습니까?(9–10절)

❻ 환상 중에 본 한 사람이 다니엘에게 했던 말을 정리해보십시오(11–14절).

❼ 환상은 무엇에 관한 것이었습니까?(14절)

❽ 다니엘은 말문이 열렸을 때 무슨 말을 했습니까?(16–17절)

❾ '사람의 모양을 입은 자'가 다니엘에게 건넷던 말은 무엇입니까?(18–19절)

❿ '사람의 모양을 입은 자'는 이제 다니엘이 돌아가면 어떤 일이 생긴다고 말했습니까?(20–21절)

더 깊은 연구와 묵상을 위하여

펜도스(penthos)는 깨어진 마음과 통회하는 마음, 그리고 내적인 경건한 슬픔을 의미한다. 또한 복있는 거룩한 애도와 마음 속 깊이 진심으로 뉘우치는 것을 의미한다. 무엇보다도 펜도스는 눈물의 기도 그 자체를 의미한다. 닛사의 그레고리는 성 에프렘(St. Ephrem)에 대해 다음과 같이 말했다. "나는 그의 홍수와 같은 눈물을 생각할 때마다 눈물이 난다. 왜냐하면 그의 눈물의 바다를 눈물없이 지나간다는 것은 거의 불가능하기 때문이다. 밤낮을 가리지 않고 그는 눈물로 온몸을 적시곤 했다." 또 아바 안토니(Abba Anthony)는 다음과 같이 말했다. "덕을 쌓는 일에 진보가 있기를 원하는 자마다 눈물과 슬픔으로 해야 한다."

『기도』, 리처드 포스터

❶ 다니엘은 전쟁에 대한 환상을 깨닫기 위해 세 이레 동안 슬퍼하며 좋은 떡과 고기와 포도주를 입에 대지 않고 기름을 바르지 않았습니다. 민족의 아픔을 생각하며 애통해 하는 마음만이 있었습니다. 우리가 우리 자녀들의 미래를 위해 애통해 하며 기도해야 하는 부분은 어떤 것입니까? 다니엘처럼 기도하겠다는 마음의 결단이 있습니까?

❷ 하나님의 사람을 보았을 때 두려워 떨고 있던 다니엘은 얼굴을 땅에 대고 깊이 잠들었습니다. 그러나 그때마다 하나님의 사람은 손을 잡아 일으켜 주며, “큰 은총을 받은 사람 다니엘아”라고 격려해 주었습니다. 장차 임할 세상에 대한 환상을 끝까지 볼 수 있었던 것은 하나님이 공급하시는 새 힘 때문이었습니다. 당신은 하나님을 만날 때마다 두렵고 떨림이 있습니까? 하나님이 당신에게 주시는 힘은 어떤 것입니까?

적용을 위한 글

다니엘은 하나님이 주신 환상을 보았습니다. 그것의 의미를 알기 위해 먼저 세상적인 즐거움을 끊고 하나님 앞에 기도했습니다. 그때 하나님은 이미 기도를 시작한 첫날부터 그의 기도에 응답해 주셨음을 알려주십니다. 다니엘의 끈질긴 기도와 민족을 사랑하는 그 애통함이 응답의 지름길이었습니다. 또한 다니엘은 하나님의 사람을 보았을 때, 하나님을 대하듯 두렵고 떨리는 마음이었습니다. 그러나 그는 다니엘을 일으켜 세워 큰 은총을 받은 자라고 격려하며 장차 전쟁 가운데 어떻게 하나님이 역사의 섭리를 이끌어 가시는지 가르쳐 주었습니다. 이처럼 하나님은 다니엘과 같은 사람을 통해서 하나님의 역사를 계속 써 내려 가십니다. 오늘도 주님은 믿음으로 주 앞에서 살아가는 사람들을 찾고 계시며, 어떻게 하나님이 믿는 자에게 최후의 승리를 보여주는지 가르쳐주십니다.

적용 및 결단을 위한 질문

❶ 다니엘은 스스로 겸손함을 지니고 하나님의 뜻을 구했습니다. 그의 기도에 대한 응답은 이미 기도를 시작한 첫날부터 하나님께서 삼고 계셨습니다. 하나님은 무엇이든지 '주님의 이름으로 구하는 자'에게 응답해주십니다. 다니엘의 기도와 자신의 기도를 비교해 보면서, 왜 다니엘의 기도에 하나님께서 첫날부터 응답해 주셨는지 묵상해보십시오.

❷ 하나님은 환상을 감추지 않으시고 가르쳐주십니다. 당신에게 주시는 하나님의 환상은 무엇입니까? 보여주시는 대로 순종하길 원하는 믿음이 있습니까?

11 반드시 이룰 것이다

본문 다니엘 11:1-45

외울말씀 그 왕은 자기 마음대로 행하며 스스로 높여 모든 신보다 크다 하며 비상한 말로 신들의 신을 대적하며 형통하기를 분노하심이 그칠 때까지 하리니 이는 그 작정된 일을 반드시 이룰 것임이라 (36절)

1내가 또 메대 사람 다리오 원년에 일어나 그를 도와서 그를 강하게 한 일이 있었느니라 2이제
내가 참된 것을 네게 보이리라 보라 바사에서 또 세 왕들이 일어날 것이요 그 후의 넷째는 그
들보다 심히 부요할 것이며 그가 그 부요함으로 강하여진 후에는 모든 사람을 충동하여 헬라
왕국을 칠 것이며 3장차 한 능력 있는 왕이 일어나서 큰 권세로 다스리며 자기 마음대로 행하
리라 4그러나 그가 강성할 때에 그의 나라가 갈라져 천하 사방에 나누일 것이나 그의 자손에
게로 돌아가지도 아니할 것이요 또 자기가 주장하던 권세대로도 되지 아니하리니 이는 그 나
라가 뽑혀서 그 외의 다른 사람들에게로 돌아갈 것임이라 5남방의 왕들은 강할 것이나 그 군
주들 중 하나는 그보다 강하여 권세를 떨치리니 그의 권세가 심히 클 것이요 6몇 해 후에 그
들이 서로 단합하리니 곧 남방 왕의 딸이 북방 왕에게 가서 화친하리라 그러나 그 공주의 힘
이 쇠하고 그 왕은 서지도 못하며 권세가 없어질 뿐 아니라 그 공주와 그를 데리고 온 자와 그
를 낳은 자와 그때에 도와 주던 자가 다 버림을 당하리라 7그러나 그 공주의 본 족속에게서 난
자 중의 한 사람이 왕위를 이어 권세를 받아 북방 왕의 군대를 치러 와서 그의 성에 들어가서
그들을 쳐서 이기고 8그 신들과 부어 만든 우상들과 은과 금의 아름다운 그릇들은 다 노략하
여 애굽으로 가져갈 것이요 몇 해 동안은 그가 북방 왕을 치지 아니하리라 9북방 왕이 남방 왕
의 왕국으로 쳐들어갈 것이나 자기 본국으로 물러가리라 10그러나 그의 아들들이 전쟁을 준비
하고 심히 많은 군대를 모아서 물이 넘침 같이 나아올 것이며 그가 또 와서 남방 왕의 견고한
성까지 칠 것이요 11남방 왕은 크게 노하여 나와서 북방 왕과 싸울 것이라 북방 왕이 큰 무리
를 일으킬 것이나 그 무리는 그의 손에 넘겨 준 바 되리라 12그가 큰 무리를 사로잡은 후에 그
의 마음이 스스로 높아져서 수만 명을 엎드러뜨릴 것이나 그 세력은 더하지 못할 것이요 13북

방 왕은 돌아가서 다시 군대를 전보다 더 많이 준비하였다가 몇 때 곧 몇 해 후에 대군과 많은
물건을 거느리고 오리라 14그때에 여러 사람이 일어나서 남방 왕을 칠 것이요 네 백성 중에서
도 포악한 자가 스스로 높아져서 환상을 이루려 할 것이나 그들이 도리어 걸려 넘어지리라 15
이에 북방 왕은 와서 토성을 쌓고 견고한 성읍을 점령할 것이요 남방 군대는 그를 당할 수 없
으며 또 그가 택한 군대라도 그를 당할 힘이 없을 것이므로 16오직 와서 치는 자가 자기 마음
대로 행하리니 그를 당할 사람이 없겠고 그는 영화로운 땅에 설 것이요 그의 손에는 멸망이 있
으리라 17그가 결심하고 전국의 힘을 다하여 이르렀다가 그와 화친할 것이요 또 여자의 딸을
그에게 주어 그의 나라를 망하게 하려 할 것이나 이루지 못하리니 그에게 무익하리라 18그 후
에 그가 그의 얼굴을 바닷가로 돌려 많이 점령할 것이나 한 장군이 나타나 그의 정복을 그치게
하고 그 수치를 그에게로 돌릴 것이므로 19그가 드디어 그 얼굴을 돌려 자기 땅 산성들로 향할
것이나 거쳐 넘어지고 다시는 보이지 아니하리라 20그 왕위를 이을 자가 압제자를 그 나라의
아름다운 곳으로 두루 다니게 할 것이나 그는 분노함이나 싸움이 없이 몇 날이 못 되어 망할
것이요 21또 그의 왕위를 이을 자는 한 비천한 사람이라 나라의 영광을 그에게 주지 아니할 것
이나 그가 평안한 때를 타서 속임수로 그 나라를 얻을 것이며 22넘치는 물 같은 군대가 그에게
넘침으로 말미암아 패할 것이요 동맹한 왕도 그렇게 될 것이며 23그와 약조한 후에 그는 거짓
을 행하여 올라올 것이요 소수의 백성을 가지고 세력을 얻을 것이며 24그가 평안한 때에 그 지
방의 가장 기름진 곳에 들어와서 그의 조상들과 조상들의 조상이 행하지 못하던 것을 행할 것
이요 그는 노략하고 탈취한 재물을 무리에게 흩어 주며 계략을 세워 얼마 동안 산성들을 칠 것
인데 때가 이르기까지 그리하리라 25그가 그의 힘을 떨치며 용기를 다하여 큰 군대를 거느리
고 남방 왕을 칠 것이요 남방 왕도 심히 크고 강한 군대를 거느리고 맞아 싸울 것이나 능히 당
하지 못하리니 이는 그들이 계략을 세워 그를 침이니라 26그의 음식을 먹는 자들이 그를 멸하
리니 그의 군대가 흩어질 것이요 많은 사람이 엎드러져 죽으리라 27이 두 왕이 마음에 서로 해
하고자 하여 한 밥상에 앉았을 때에 거짓말을 할 것이라 일이 형통하지 못하리니 이는 아직 때
가 이르지 아니하였으므로 그 일이 이루어지지 아니할 것임이니라 28북방 왕은 많은 재물을
가지고 본국으로 돌아가리니 그는 마음으로 거룩한 언약을 거스르며 자기 마음대로 행하고 본
토로 돌아갈 것이며 29작정된 기한에 그가 다시 나와서 남방에 이를 것이나 이번이 그 전번만
못하리니 30이는 깃딤의 배들이 이르러 그를 칠 것임이라 그가 낙심하고 돌아가면서 맺은 거
룩한 언약에 분노하였고 자기 땅에 돌아가서는 맺은 거룩한 언약을 배반하는 자들을 살필 것
이며 31군대는 그의 편에 서서 성소 곧 견고한 곳을 더럽히며 매일 드리는 제사를 폐하며 멸망

하게 하는 가증한 것을 세울 것이며 32그가 또 언약을 배반하고 악행하는 자를 속임수로 타락
시킬 것이나 오직 자기의 하나님을 아는 백성은 강하여 용맹을 떨치리라 33백성 중에 지혜로
운 자들이 많은 사람을 가르칠 것이나 그들이 칼날과 불꽃과 사로잡힘과 약탈을 당하여 여러
날 동안 몰락하리라 34그들이 몰락할 때에 도움을 조금 얻을 것이나 많은 사람들이 속임수로
그들과 결합할 것이며 35또 그들 중 지혜로운 자 몇 사람이 몰락하여 무리 중에서 연단을 받아
정결하게 되며 희게 되어 마지막 때까지 이르게 하리니 이는 아직 정한 기한이 남았음이라 36
왕은 자기 마음대로 행하며 스스로 높여 모든 신보다 크다 하며 비상한 말로 신들의 신을 대적
하며 형통하기를 분노하심이 그칠 때까지 하리니 이는 그 작정된 일을 반드시 이룰 것임이라
37그가 모든 것보다 스스로 크다 하고 그의 조상들의 신들과 여자들이 흠모하는 것을 돌아보
지 아니하며 어떤 신도 돌아보지 아니하고 38그 대신에 강한 신을 공경할 것이요 또 그의 조상
들이 알지 못하던 신에게 금 은 보석과 보물을 드려 공경할 것이며 39그는 이방신을 힘입어 크
게 견고한 산성들을 점령할 것이요 무릇 그를 안다 하는 자에게는 영광을 더하여 여러 백성을
다스리게도 하며 그에게서 뇌물을 받고 땅을 나눠 주기도 하리라 40마지막 때에 남방 왕이 그
와 힘을 겨룰 것이나 북방 왕이 병거와 마병과 많은 배로 회오리바람처럼 그에게로 마주 와서
그 여러 나라에 침공하여 물이 넘침 같이 지나갈 것이요 41그가 또 영화로운 땅에 들어갈 것이
요 많은 나라를 패망하게 할 것이나 오직 에돔과 모압과 암몬 자손의 지도자들은 그의 손에서
벗어나리라 42그가 여러 나라들에 그의 손을 펴리니 애굽 땅도 면하지 못할 것이니 43그가 권
세로 애굽의 금 은과 모든 보물을 차지할 것이요 리비아 사람과 구스 사람이 그의 시종이 되
리라 44그러나 동북에서부터 소문이 이르러 그를 번민하게 하므로 그가 분노하여 나가서 많은
무리를 다 죽이며 멸망시키고자 할 것이요 45그가 장막 궁전을 바다와 영화롭고 거룩한 산 사
이에 세울 것이나 그의 종말이 이르리니 도와 줄 자가 없으리라

도입을 위한 글

목적을 가지고 사는 것은 참된 삶을 사는 유일한 방법이다. 다른 모든 것은 그냥 존재하는 것이다. 대부분의 사람들은 인생에서 기본적인 세 가지 문제로 고민한다. 첫째, "나는 누구인가"라는 정체성(identity)의 문제고, 둘째, "내가 과연 중요한 존재인가?"라는 중요성(importance)의 문제다. 그리고 셋째, "삶에서 나의 위치는 무엇인가?"라는 영향력(impact)의 문제다.

『목적이 이끄는 삶』, 릭 워렌

도입을 위한 질문

❶ '믿기 때문에 본다'라는 말과, '보았기 때문에 믿는다'라는 말의 차이가 무엇이라고 생각합니까?

❷ 당신이 지금 살아가고 있는 삶의 목적은 무엇입니까?

본문 질문

❶ 하나님이 다니엘을 통해 보여주신 역사를 정리해 보십시오(1-4절).

* 이것은 페르시아와 그리스 제국의 이야기, 그리고 그 후에 제국이 분열된 이야기다.

2절-( )국의 현재 왕이 네 명의 왕으로 이어질 것이라는 예언이다. 첫째는 고레스의 아들 캄비세스(Cambyses)로서 B.C. 530년에 등극했다. 그 뒤엔 수도스멜디스(Pseudo Smerdis)가 B.C. 522년에 잠시 재위했다. 다리오 1세인 히스타스페스(Hystaspes)가 그 뒤를 이어 B.C. 521-486년까지 다스렸다. 에스더에서 아하수에로로 알려진 크세르크세스가 그 뒤를 이었는데, 그는 B.C. 485-465년까지 재위했다. 그는 가장 강대하고 능력있고 부강했으며, 재위 중에 헬라와 싸웠다.

3절-능력있는 왕 알렉산더는 ( )의 현저한 뿔(8:5-8)에서 예언했던 자다. B.C. 334-330년 사이에 알렉산더는 소아시아, 시리아, 이집트, 메데와 바사국을 정복했다. 그가 B.C. 323년 말라리아와 술로 인해 32세로 죽기 전, 인도까지 그에게 정복당했다.

4절-알렉산더가 죽은 후 그의 나라는 네 명의 장군(셀류커스, 프톨레미, 리지마쿠스, 카싼더)들이 분할하였다. 이것은 표범의 머리가 네 개인 것과(7:6) 숫염소의 뿔 네 개로 예견되었다. 알렉산더는 왕조를 세우지 않았으며, ( )이 없었다. 결국 그의 나라는 ( ), 그 제국은 쇠약해졌다.

❷ 남방 왕은 약해진 힘을 회복하기 위해 어떻게 합니까?(6절)

❸ 남방 왕은 공주를 잃고 북방 왕의 군대를 치러왔는데, 그 결과는 어떻게 되었습니까?(7-8절)

❹ 북방 왕과 남방 왕의 전쟁 과정과 결과는 어떻게 되었습니까?(9-14절)

❺ 북방 왕의 사람됨은 어떠합니까?(21절)

❻ 전쟁에 실패한 북방 왕은 돌아와서 어떻게 분풀이를 합니까?(30-32절)

❼ 어려움 속에서도 어떤 백성만이 강하여 용맹을 떨친다고 했습니까?(32절)

❽ 마지막 때에 나타날 적그리스도에 대해서 어떻게 설명합니까?(36-39절)

❾ 적그리스도의 손에서 벗어나는 나라는 어디입니까?(41절)

❿ 적그리스도가 잘 되는 것 같지만, 최후에는 어떻게 됩니까?(44-45절)

더 깊은 연구와 묵상을 위하여

가끔씩 만원 비행기를 타다 보면 탑승이 끝날 무렵에 탑승구에서 세 종류의 사람들이 서성거리는 모습을 보게 됩니다. 한 종류는 확인 받은 비행기 표를 들고 차를 마시면서 대화하다가 맨 끝자락 시간이라 여유 있는 표정으로 타는 사람들, 또 한 종류는 비행기 표는 가지고 있는데 좌석 배정을 못 받고 대기하면서 불안하게 기다리는 사람들, 또 한 종류는 비행기 표도 없이 혹시나 좌석이 있을까 하여 요행을 바라며 안절부절 못하고 서성거리는 사람들입니다. 이때 저는 교회 내에도 천국을 기다리는 사람들 중에서 세 가지 종류가 있다는 사실을 생각하게 되었습니다. 첫째는 구원받고 구원의 확신이 있는 사람들, 둘째는 구원은 받았는데 확신이 없는 사람들, 셋째는 구원도 못 받았고 확신도 없이 구원을 막연히 희망하는 사람들입니다. 당신은 어디에 속하십니까?

『내 영혼의 내비게이션』, 이동원

❶ 인류의 역사는 한 왕이 세워졌다가 사라지고, 계속되는 부와 명예를 따라 싸움이 이어지는 역사였습니다. 그러나 언제든지 우리가 바라보아야 할 영원한 나라의 통치자는 하나님 한분뿐이십니다. 당신은 인류의 역사를 보면서 그리스도인으로서 어떻게 살아가고 있습니까? 오직 평화의 왕으로 오신 예수 그리스도를 바라보고 사는 삶을 살아가고 있습니까? 모든 왕은 시대를 따라 바뀌지만, 영원하신 하나님은 처음부터 끝까지 우리를 다스려 주는 왕이십니다. 당신에게 하나님은 어떤 분이십니까?

❷ 악인의 형통함은 계속됩니다. 그러나 그것도 아직 정한 기한이 남아 있기 때문이지 영원하지 않습니다. 오늘 당신의 삶 속에 힘들게 보내야 하는 시간들이 있습니까? 그러나 그것은 잠깐의 과정입니다. 우리를 어렵게 만드는 모든 것들은 기한이 지나면 깨끗하게 정리됩니다. 말씀 속에서 하나님의 약속을 믿고 기다리십시오. 정해진 시간에 기도하는 훈련 계획을 세워보고, 기도제목을 나눠보십시오.

적용을 위한 글

본문은 위로와 소망이 필요한 하나님의 백성들에게 어떻게 하나님의 손길을 통해 역사가 움직이는지 보여줍니다. 비록 지금은 바사와 헬라, 남방 왕과 북방 왕의 싸움이 있지만, 승리했다고 자랑하는 북방 왕도 기한이 되면 초라하게 무너질 것이며, 오히려 하나님만을 믿는 사람들이 그때에 회복을 볼 것입니다. 스스로 자기를 높여 모든 신보다 크다고 말하며, 신들의 신을 대적하고, 크게 번성함을 자랑하지만, 최후의 승리자는 예수 그리스도와 그 분 앞에 믿음을 드렸던 사람들입니다. 다른 사람과 비교해서 우월하다면 겸손해야 하며, 부족하다면 하나님을 더욱 의지해야 합니다. 모든 것은 하나님이 정한 때가 되면 그 실체가 드러나기 때문입니다. 더디게 고통의 터널을 지나고 있어 답답하다고 해도 그것은 그리 오래 가지 못할 것이며 결국에는 하나님께서 그 황무지에서 웃게 하실 것입니다. 그렇기에 적그리스도에 우리의 눈이 현혹되면 안 됩니다. 오히려 하나님을 더욱 앙망하며 나아가야 합니다.

적용 및 결단을 위한 질문

❶ 세상 사람들은 자기의 위세를 부리고, 명예와 권력을 자랑하려고 합니다. 남방 왕과 북방 왕을 보면 더욱 그렇습니다. 때로는 그들이 가지고 있는 것들이 유혹의 미끼가 되어 우리를 하나님의 자리에서 벗어나게 합니다. 그러나 주님은 오직 자기의 하나님을 아는 백성만이 강하여 용맹을 떨칠 것이라고 했습니다. 당신은 이러한 유혹을 어떻게 물리치고 있습니까?

❷ 마지막 때에 하나님의 뜻에서 벗어난 모든 것들은 무너집니다. 그토록 권세를 자랑하던 이방 임금들의 위상도 무너졌습니다. 그러나 고통 가운데 믿음을 지켰던 하나님의 백성들은 영화로움을 보게 됩니다. 당신이 하나님을 믿기 때문에 당하는 고난은 무엇입니까? 서로 나누고 뜨겁게 중보하십시오.

12 너는 가서 마지막을 기다리라

본문 다니엘 12:1-13

외울말씀 너는 가서 마지막을 기다리라 이는 네가 평안히 쉬다가 끝날에는 네 몫을 누릴 것임이라 (13절)

1그때에 네 민족을 호위하는 큰 군주 미가엘이 일어날 것이요 또 환난이 있으리니 이는
개국 이래로 그때까지 없던 환난일 것이며 그때에 네 백성 중 책에 기록된 모든 자가 구
원을 받을 것이라 2땅의 티끌 가운데에서 자는 자 중에서 많은 사람이 깨어나 영생을 받
는 자도 있겠고 수치를 당하여서 영원히 부끄러움을 당할 자도 있을 것이며 3지혜있는
자는 궁창의 빛과 같이 빛날 것이요 많은 사람을 옳은 데로 돌아오게 한 자는 별과 같
이 영원토록 빛나리라 4다니엘아 마지막 때까지 이 말을 간수하고 이 글을 봉함하라 많
은 사람이 빨리 왕래하며 지식이 더하리라 5나 다니엘이 본즉 다른 두 사람이 있어 하나
는 강 이쪽 언덕에 섰고 하나는 강 저쪽 언덕에 섰더니 6그 중에 하나가 세마포 옷을 입
은 자 곧 강물 위쪽에 있는 자에게 이르되 이 놀라운 일의 끝이 어느 때까지냐 하더라
7내가 들은즉 그 세마포 옷을 입고 강물 위쪽에 있는 자가 자기의 좌우 손을 들어 하늘을
향하여 영원히 살아 계시는 이를 가리켜 맹세하여 이르되 반드시 한 때 두 때 반 때를 지
나서 성도의 권세가 다 깨지기까지이니 그렇게 되면 이 모든 일이 다 끝나리라 하더라 8
내가 듣고도 깨닫지 못한지라 내가 이르되 내 주여 이 모든 일의 결국이 어떠하겠나이까
하니 9그가 이르되 다니엘아 갈지어다 이 말은 마지막 때까지 간수하고 봉함할 것임이니
라 10많은 사람이 연단을 받아 스스로 정결하게 하며 희게 할 것이나 악한 사람은 악을
행하리니 악한 자는 아무것도 깨닫지 못하되 오직 지혜 있는 자는 깨달으리라 11매일 드
리는 제사를 폐하며 멸망하게 할 가증한 것을 세울 때부터 천이백구십 일을 지낼 것이요
12기다려서 천삼백삼십오 일까지 이르는 그 사람은 복이 있으리라 13너는 가서 마지막을
기다리라 이는 네가 평안히 쉬다가 끝날에는 네 몫을 누릴 것임이라

도입을 위한 글

흔히 인생은 마라톤에 비유되곤 한다. 그러나 인생은 여러 면에서 마라톤과 비교할 수 없을 정도로 어려운 점들이 많다. 마라톤 경기의 출발선에 서 있는 선수들은 정확히 42.195km 앞에 결승선이 놓여 있음을 알고 출발한다. 또 제일 잘 달리는 선수의 경우 통상 두 시간 남짓 후면 경기가 끝나게 된다는 점도 알고 경기에 임한다. 다시 말해, 이들은 모두 마라톤을 시작하기 전에 그 경기가 얼마나 걸릴지 알고 경기에 임하는 것이다. 뿐만 아니라 이들은 비록 허허벌판을 두 시간 남짓 달리긴 하지만, 스타디움에 가득 찬 관중들의 환호와 환영을 받으면서 최종적으로 경기를 마무리하게 된다.

『거인들의 인생법칙』, 존 맥스웰

도입을 위한 질문

❶ 당신은 무엇에 포로되어 살아가고 있습니까? 주님 오시는 날에 회복되길 바라는 것은 무엇입니까?

❷ 주님이 오시기를 기다리면서 준비해야 할 것은 무엇이라고 생각합니까?

본문 질문

❶ 마지막 때가 이르면 개국 이래로 그때까지 없던 환난이 있는데, 그때 누가 구원을 받습니까?(1절)

❷ 마지막 때에 사람들에게 어떤 모습이 나타납니까?(2절)

❸ 지혜있는 자와 많은 사람을 옳은 데로 돌아오게 한 자는 어떻게 됩니까?(3절)

❹ 다니엘은 마지막 때까지 이 말과 글을 어떻게 해야 합니까?(4절)

❺ 세마포 옷을 입은 자가 강물 위쪽에 있는 자에게 뭐라고 말합니까?(6절)

❻ 천사가 다니엘에게 알려준 예언의 끝은 언제입니까?(7절)

❼ 다니엘이 듣고도 깨닫지 못해 무엇을 물었습니까?(8절)

❽ 천사들이 전해준 소식은 어떤 자만 깨닫습니까?(10절)

❾ 어떻게 하는 사람에게 복이 있습니까?(11-12절)

❿ 천사가 다니엘에게 마지막으로 부탁한 것은 무엇입니까?(13절)

더 깊은 연구와 묵상을 위하여

좋은 것을 기다리기란 결코 쉽지 않다. 우리는 즉각적으로 욕구를 충족하는 데 익숙해져 있어서, 원하는 것을 손에 넣는데 조금이라도 늦어지면 쉽게 조급해진다. 즉시 원하는 것을 얻지 못하면 조급한 마음에 곧 다른 책략을 세우거나 다른 수단을 찾기 시작한다. 불행히도 우리는 종종 영적인 삶에서도 그와 같은 태도를 보인다. 기다림은 그리스도인으로서 피할 수 없는, 심지어 없어서는 안 될 삶의 일부다. 그것은 성숙한 그리스도의 제자들을 특징짓는 영적 훈련 가운데 하나다. 성경 전체를 통해 하나님은 우리의 기도를 듣고 응답하겠노라고 약속하신다. 그러면서도 우리를 종종 기다리게 하시는 이유는 무엇일까? 때론 단지 순수한 결과가 드러나게 하기 위해 우리를 기다리게 하신다. 여기에는 적어도 두 가지 이유가 있다. 첫째, 하나님은 때때로 동기를 깨끗하게 하기 위해 그렇게 하신다. 둘째, 하나님은 때때로 우리가 그분을 의지하도록 하기 위해 기다리게 하신다. 하나님을 기다리는 것은 언제나 쉽지 않지만, 그것은 우리의 믿음을 강하게 해줄 수 있다.

『예배자로 사는 법 49가지』, 토미 테니

❶ 마지막 때에는 영생을 받는 자와 수치를 당하는 자가 있습니다. 또한 지혜 있는 자와 많은 사람을 옳은 데로 돌아오게 한 자는 빛과 같이, 또 별과 같이 빛나게 됩니다. 하나님은 그 약속을 마지막에 분명히 성취하실 것입니다. 오늘 당신의 삶의 자리에서 영생을 사모하며 준비해야 할 것은 무엇입니까?

❷ 하나님은 다니엘에게 그 비밀을 다 가르쳐주지 않으셨습니다. 제자들은 예수님께 '때'에 대한 질문을 많이 했습니다. 그러나 그 '때'는 아버지만이 아신다고 말씀하셨습니다. 오늘 삶의 자리에서 이미 보여주신 하나님의 그 약속을 붙들고 신실하게 주님의 오심을 기다리고 있습니까? 성경이 가르쳐준 마지막 때의 징조를 묵상해보십시오(마 24:15-36).

적용을 위한 글

생명책에 기록된 모든 백성은 구원을 얻는 날이 옵니다. 한번 죽는 것으로 끝나는 것이 아니라 영원한 생명을 얻게 되며, 특별히 마지막 때에 그 믿음의 행적으로 인해 빛나는 사람도 있습니다. 오늘은 영원을 준비하는 과정입니다. 이 땅에서 성도의 권세가 다 깨어지는 수난이 있다고 해도 하나님은 마지막에 믿는 자의 복을 보여주신다고 약속했습니다. 따라서 주님의 약속을 붙잡고 좌로나 우로나 치우치지 않고 믿음의 반석 위에 신실하게 살아가는 것이 중요합니다. 또한 "너는 가서 마지막을 기다리라"는 주님의 명령을 받은 성도들은 늘 깨어서 주님을 기다리는 마음으로 살아가야 합니다. 그날에 주님은 세상에서 잘 견뎌낸 자들을 높이 세워주시기 때문입니다. 그러므로 비록 더딜지라도 하나님을 바라보며, 믿음으로 살아가는 성도의 복된 삶을 사십시오.

적용 및 결단을 위한 질문

❶ 하나님이 말씀하시는 마지막 때는 '이미'와 '아직' 사이에 있습니다. 성도는 마땅히 깨어서 마지막 때를 준비하는 지혜로운 자가 되어야 하며, 참고 견디는 자에게 주어지는 복을 받아 누려야 합니다. 당신이 참고 견뎌야 하는 상황들을 점검해보고, 신앙적인 눈으로 이해하고 기도하십시오.

물질–

건강–

관계–

고난–

❷ 마지막 심판 날에 영생을 얻는 자도 있고, 영원한 수치를 받는 자도 있습니다. 하나님의 뜻을 얼마나 행하며 믿음 가운데 살았는지 주님 앞에서는 다 드러납니다. 다시 한 번 믿음의 분명한 기준들을 세워보십시오.

주일신앙–

직장생활–

인간관계–

물질생활–

신앙생활–

심도 있게 편찬된
구역 및 대학·청년부 BEST G.B.S. 교재

BEST 다니엘

지은이 | 프리셉트팀(이재학)

초판 1쇄 | 2010년 8월 20일
개정 1판 1쇄 | 2016년 4월 12일
개정 2판 1쇄 | 2020년 3월 31일

발행인 | 김경섭
국제총무 | 최복순
총무 | 김상현
기획국장 | 김현욱
서적부 | 양재성, 신충경
편집부 | 고유영(편집실장), 김지혜, 허윤희, 유권지

발행처 | 묵상하는사람들
등록번호 | 20-333
일부총판 | 생명의말씀사 Tel. (02) 3159-7979 Fax. 080-022-8585

주소 | 서울시 동작구 사당로2가길 91(사당동) (우) 07028
전화 | (02) 588-2218 팩스 | (02) 588-2268
홈페이지 | www.precept.or.kr
국민은행 772-21-0310-382(김경섭)

값 5,000원
ISBN 978-89-8475-776-9 04230
978-89-8475-778-3 04230(세트)

독자 여러분의 의견을 기다립니다.
독자 전화 (02) 588-2218 / pmnqt@hanmail.net